KATHARINA BLANSJAAR
& DANIEL MÜLLER

Chic

KATHARINA BLANSJAAR

Chic

50 MODISCHE LEGENDEN & WIE MAN SIE TRÄGT

MIT ILLUSTRATIONEN VON
DANIEL MÜLLER

KEIN & ABER

Inhalt

1.	Animal Print	9	26.	Kleines Schwarzes	161
2.	Ballerinas	15	27.	Marineshirt	167
3.	Betrügerchen	21	28.	Mary Janes	173
4.	Bikini	27	29.	Minirock	179
5.	Bomberjacke	33	30.	Monokini	185
6.	Brautkleid	39	31.	Moon Boots	191
7.	Bubikragen	45	32.	Norwegerpullover	197
8.	Büstenhalter	51	33.	Overall	203
9.	Caprihose	57	34.	Overknee-Stiefel	209
10.	Cardigan	63	35.	Pailletten	215
11.	Chanel-Jäckchen	69	36.	Paisleymuster	221
12.	Dufflecoat	75	37.	Panamahut	227
13.	Espadrilles	81	38.	Parka	233
14.	Fascinator	87	39.	Plateauschuh	239
15.	Flipflops	93	40.	Plisseerock	245
16.	Gummistiefel	101	41.	Pullover	251
17.	Hausmantel	107	42.	Pyjama	257
18.	Hotpants	113	43.	Reißverschluss	263
19.	It-Bag	119	44.	Rollkragen	269
20.	Jeans	125	45.	Schößchen	275
21.	Jogginghose	131	46.	Spitze	281
22.	Kamelhaarmantel	137	47.	Strumpfhose	287
23.	Karomuster	143	48.	Tanktop	293
24.	Keilabsatz	149	49.	Trenchcoat	299
25.	Kitten Heels	155	50.	T-Shirt	305

»Dafür, gelegentlich ein wenig zu gut angezogen zu sein, kann man nur büßen, indem man jederzeit viel zu gut gebildet ist.«

Oscar Wilde

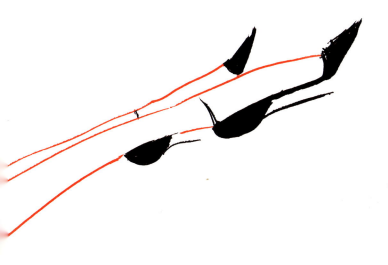

… N° 1

Animal Print

Man könnte sich unter »Animal Print« im Grunde auch Kuhflecken vorstellen. Oder die gestreiften Felle von Zebras und Tigern, die ja tatsächlich hin und wieder auf Kleidungsstücke gedruckt werden. Eigentlich aber reden wir, wenn wir vom »Animal Print« reden, fast immer vom Leopardenmuster. Und oft reden wir ein wenig abschätzig davon, denn es ist ein Muster, das polarisiert und bei dem der schmale Grat zwischen »sexy« und »billig« zu Messers Schneide wird.

Im alten Ägypten war das Fell der Raubkatze den Hohepriestern vorbehalten, im Mittelalter schmückten sich Könige damit. Und während man sich in vielerlei Hinsicht darüber freuen darf, dass nach der Aufklärung und der Französischen Revolution die Unterschiede zwischen den Ständen schwanden und sich nun auch Bürger Dinge leisten durften, die zuvor dem Adel vorbehalten waren, bedeutete dies für den Leoparden nichts Gutes.

Seinen ersten großen Auftritt in der modischen Moderne hatte das Leopardenfell 1925 in Form eines Mantels. Die Schauspielerin Marian Nixon trug ihn in Los Angeles spazieren – absurderweise führte sie an der Leine neben sich eine lebendige Variante des Tieres, das sie da tot am Körper hatte. So viel Extravaganz brachte zwangsläufig Nachahmer auf den Plan, und weil das Halten eines lebendigen Leoparden doch mit arg viel Aufwand verbunden ist, interessierten sich die gut betuchten Damen eher für die tote Version in Form eines Kleidungsstücks. Die Jagd war eröffnet.

Alle großen Couturiers versuchten sich nun an Kleidungsstücken und Accessoires aus Leopardenfell, und die Damen der besseren Gesellschaft rissen ihnen die exklusiven Teile förmlich aus den Händen. Da half es nur wenig, dass Christian Dior bereits 1947 in seiner Kollektion zwei Kleider mit Leopardenmuster zeigte, für die kein Tier hatte sterben müssen – es handelte sich um Stoffdrucke. Zwar wurde das Muster dadurch umso beliebter und fand sich nun auch auf Badekleidern für die »anständige« Frau (zuvor hatten nur Starlets wie Bettie Page knappe Höschen mit solch verwegenen Mustern getragen, nun tat es auch Liz Taylor), doch jene, die es sich leisten konnten, setzten weiterhin auf echten Pelz.

Und dann kam Jackie O. Besser gesagt Jacqueline Kennedy, denn so hieß sie damals noch, als sie Ehefrau des amerikanischen Präsidenten und eine der wichtigsten Stilikonen überhaupt war. Ihre Kostüme und Pillbox-Hütchen wurden tausendfach kopiert und von Frauen in aller Welt förmlich angebetet. Verantwortlich für den wegweisenden Look war der Modedesigner Oleg Cassini. Ob er auch die Idee für ihren Mantel aus Leopardenfell hatte, ist heute unklar – es wird Verschiedenes behauptet, und in Zeitungsberichten aus den 60er-Jahren gibt es gar Vermutungen, die Felle seien ein Geschenk eines afrikanischen Diktators gewesen. Unbestritten ist dagegen, dass Jackie Kennedy Unsummen für ihre Garderobe ausgab – auf Staatskosten. Allein im Jahr 1962, als sie erstmals im Leopardenmantel auftrat, waren es stolze 121 000 US-Dollar.

Was Jackie hatte, das wollten alle anderen, die es sich leisten konnten, auch.

Unfassbare 250 000 Leoparden sollen in den folgenden Jahren ihr Leben gelassen haben, weil Tausende von wohlhabenden Frauen der Präsidentengattin nacheiferten und sich mit dem edlen Tierfell schmücken wollten. Belegt ist diese Zahl nicht, eine andere aber schon: Allein im Jahr 1968 wurden 9 556 Leopardenfelle in die USA importiert. Erst in den 70er- und 80er-Jahren kam der Tierschutz auf die politische Agenda und in vielen Ländern wurden Gesetze und Importverbote zum Schutz gefährdeter Arten erlassen.

Von da an dominierten falsche Leoparden die Mode – ob nun als Webpelz oder Stoffdruck. Vielleicht lag es ja am Umschwenken auf Imitate, dass etwa ab demselben Zeitpunkt der Leo-Look plötzlich nicht mehr als edel und verrucht, sondern als billig und fast schon ein wenig schlampig galt. Nicht mehr der Adel trug nun Animal Prints, sondern der Pöbel. Nacktmodelle posierten in tierisch bedruckten Schlüpfern, Rockmusiker wie Axl Rose und Rod Stewart trugen enge Hosen und Oberteile im Leopardenprint auf der Bühne. In Großbritannien verkörperte die Schauspielerin Julie Goodyear in der Kultserie *Coronation Street* eine Pubbesitzerin der Arbeiterklasse – und trug dazu ein Überangebot an Animal Prints. Ein amerikanisches Pendant gab es auch; Peggy Bundy, die dümmliche und ordinäre Frau von Al aus *Married with Children (Eine schrecklich nette Familie)*.

Oleg Cassini übrigens, der Designer jenes Mantels, der den Leoparden nah an seine Ausrottung brachte, wurde später zum Tierschützer. Er bereute, Jackie Kennedys Mantel überhaupt gemacht zu haben, und entwickelte, sozusagen als Wiedergutmachung, in den 90er-Jahren einen Webpelz aus Mikrofaser. »Ich würde meine Pelze nie ›falsch‹ nennen«, sagte er bei der Präsentation. »Dieser Begriff deutet auf etwas Billiges hin, auf eine mindere Qualität.« Doch es dauerte noch Jahre, bis »falsche« Pelze ihren schlechten Ruf endlich abgestreift hatten.

Inzwischen ist Webpelz vor allem aus ethischer Sicht der »bessere« Pelz. Als Mantel im Leo-Look sollte er aber mit Vorsicht getragen werden. Denn mit Animal Prints setzt Frau heute besser gekonnt Akzente, statt gleich mit dem textilen Vorschlaghammer aufzutreten.

Wo tragen?

Animal Prints sind durchaus alltagstauglich, vor allem, wenn sie auf Accessoires zu sehen sind. Schwieriger wird es bei ganzen Kleidungsstücken. Ein hautenges Kleid mit Animal Print passt vielleicht in die Disco, aber nicht ins Restaurant oder auf eine Hochzeit.

Wie tragen?

Animal Prints schreien ganz laut Hallo, dessen sollte man sich bewusst sein. Außerdem können sie auch ganz laut »Ich bin ein Flittchen« schreien. Um dem entgegenzuwirken, sollten sie nicht zu großflächig eingesetzt werden und auch nicht zu eng am Körper liegen.

Und dazu?

Zu Leo- oder Tigermuster sollte man nicht zusätzlich dick auftragen – das gilt auch fürs Gesicht.

N° 2

Ballerinas

Ihr Name mag zwar an eine grazile Tänzerin erinnern, aber an den Füßen der allermeisten Frauen sorgen Ballerinas viel eher für einen ganz eigenartigen und leider gar nicht tänzerischen Watschelgang. In ihnen zu laufen und dabei schön auszusehen ist eine Kunst. Eine Kunst, die wohl keine so perfekt beherrschte wie jene, die diesen Schuh weltberühmt machte: Audrey Hepburn. Ihr ist es anzulasten, dass noch heute Tausende von Frauen denken, sie könnten auf Ballerinas elfengleich durch die Straßen schweben. Oft wird gar behauptet, die Hepburn hätte gemeinsam mit dem Schuhdesigner Salvatore Ferragamo den Ballerina erfunden, doch das ist ebenso eine Legende wie die Geschichte, dass nicht die Hepburn, sondern Brigitte Bardot die Erste war, die Ballerinas trug.

Denn ultraflache Schuhe gab es selbstverständlich nicht erst im 20. Jahrhundert. Im Mittelalter trug man im deutschsprachigen

Raum sogenannte »Kuhmaulschuhe«, die vorne breiter waren als heutige Ballerinas und oft durch ein Band am Fuß gehalten wurden. Auch in anderen Gegenden Europas waren ultraflache Schuhe die Norm, doch im 16. Jahrhundert entdeckte die High Society den Absatz.

Flache Schuhe waren von da an etwas für die Armen und die Arbeiter. Wer etwas auf sich hielt und es sich leisten konnte, der stach auch längenmäßig aus dem gemeinen Fußvolk hervor und ließ sich vom Schuhmacher ein paar Zentimeter mehr unter die Ferse schieben. Erst die Französische Revolution brachte die bessere Gesellschaft zumindest für kurze Zeit wieder zurück auf den Boden der Tatsachen. Nachdem Marie Antoinette auf fünf Zentimeter hohen Absätzen zum Schafott geschritten war, war es plötzlich gar nicht mehr en vogue, sich künstlich zu erhöhen. Viele Damen trugen nun flache Slipper, die – ganz ähnlich wie Ballettschuhe – mit gekreuzten Bändern am Fuß gehalten wurden.

Der flache Trend währte nicht lange. Bereits um 1820 gewannen Modelle mit Absatz wieder die Oberhand, und als zu Beginn des 20. Jahrhunderts die strengen Kleiderkonventionen langsam zu wanken begannen, kam zusätzlich eine erotische Komponente hinzu: Der Absatz streckte das nun immer mehr zur Schau gestellte Bein und ließ die Frau beim Gehen verführerisch mit den Hüften schwingen.

Einzig auf der Bühne setzte sich der Schuh ohne Absatz immer mehr durch. Balletttänzerinnen trugen Pointé-Schuhe, und als die Musicals den Broadway eroberten, wurden weichere Modelle zur

Norm. Für diese gab es im New York der 30er- und 40er-Jahre nur eine Adresse: Salvatore Capezio. Der Italiener hatte mit seinen handgemachten Tanzschuhen die Herzen – und die Füße – aller Broadwaystars im Sturm erobert. Auch der Modedesignerin Claire McCardell gefielen seine Entwürfe, und so überredete sie ihn, straßentaugliche Sohlen an seine »ballet flats« zu nähen, die sie 1941 mit ihrer Kollektion auf dem Laufsteg zeigte. Die Modelle gefielen, wurden bald in vielen Farben produziert und schafften es 1949 sogar auf das Cover der *Vogue*. Doch ein echter Trend waren die flachen Treter vorerst nicht.

Bis Audrey Hepburn die Weltbühne betrat. Eigentlich hatte sie von einer Karriere als Balletttänzerin geträumt. Als junges Mädchen hatte sie hart dafür trainiert, doch die mageren Kriegsjahre machten diese Pläne zunichte. Sie wog keine 50 Kilo, und das bei stattlichen 170 Zentimetern. Zu groß und zu dünn für eine Primaballerina.

So wurde sie Musicaldarstellerin. Sie tanzte am Londoner West End und ab 1951 am Broadway, wo Hollywood auf sie aufmerksam wurde. Aber auch in der Filmwelt waren ihre Maße alles andere als förderlich. Heute würde man von einer Modelfigur sprechen, in den 50er-Jahren jedoch waren kurvige Frauen gefragt. Erschwerend kam hinzu, dass Hepburn viele ihrer männlichen Zeitgenossen überragte.

Ein Glück, dass bei ihrem ersten wichtigen Film auch der männliche Hauptdarsteller groß gewachsen war: In *Roman Holiday (Ein Herz und eine Krone)* hatte sie den 190 Zentimeter großen Gregory Peck an ihrer Seite. Trotzdem tat die Hepburn bereits in diesem Film das, was später zu ihrem Markenzeichen werden sollte: Sie trug flache Schuhe. Ihre am Knöchel geschnürten Sandalen erinnerten stark an Tanzschuhe, und noch deutlicher wurde dieser Bezug in Hepburns nächstem Film. In *Sabrina* hatten die Ballerinas ihren ersten Auftritt – und was für einen: Die Hepburn avancierte zur Stilikone, die Kombination aus flachen Tretern und 7/8-Hose eroberte die Straßen.

Ob Brigitte Bardot durch die Hepburn inspiriert war, als sie 1956 für ihre Rolle in *Et Dieu … créa la femme (Und immer lockt das Weib)* bei der Schuhmacherin Rose Repetto, die unter anderem für die Pariser Oper arbeitete, Schuhe bestellte, die so bequem wie Tanzschuhe und zugleich sexy sein sollten, ist nicht bekannt. Heraus kam jedenfalls das, was auch heute noch als der »klassische« Ballerina gilt: Ein knallrotes Modell, vorne so tief ausgeschnitten, dass es den Zehenansatz entblößt, dekoriert mit einer feinen Masche. Seither watscheln die Frauen in Ballerinas durch die Gegend, im Glauben, dabei so sexy zu sein wie die Bardot und so elegant wie die Hepburn. Wenn es doch nur so einfach wäre.

Wo tragen?

Ballerinas sind im Büroalltag ebenso tragbar wie im Urlaub beim Cocktail auf der Piazza.

Wie tragen?

Unerlässlich für elegantes Ballerina-Tragen ist eine gute Körperspannung. Dass die Hepburn und die Bardot in ihren Schuhen so grazil wirkten, liegt vor allem daran, dass beide ausgebildete Balletttänzerinnen waren.

Und dazu?

Nichts passt so gut zu Ballerinas wie eine 7/8-Hose und eine leichte Bluse.

N° 3

Betrügerchen

Ein Kleidungsstück, das Menschen hinters Licht führen will? Nun, eigentlich tun wir das ja mit fast allem, was wir tragen. Wir ziehen uns bestimmte Dinge an, um attraktiver zu wirken, andere, um professionell auszusehen, wieder andere, um so zu tun, als seien wir besser, als wir uns fühlen. Selten ist so ein bekleidungstechnischer Trick aus echter Not heraus geboren, diese Art von Schummeln gehört zum ganz normalen Alltag.

Anders verhält es sich mit dem Betrügerchen. Im Gegensatz zu den edlen Fetzen und kurzen Röcken, mit denen wir uns in ein etwas besseres Licht zu rücken versuchen, ist diesem Stück der Betrug schon in die Wiege – pardon, in den Namen – gelegt. Mit einem Betrügerchen kann man beim besten Willen nicht ehrlich sein, sonst würde man plötzlich ziemlich nackt dastehen, bedeckt es doch gerade einmal die halbe Brust und den Hals.

Heutzutage hat man kaum ein Betrügerchen im Schrank, es sei denn als modische Spielerei. Man mag sich nicht anfreunden mit dem »falschen Hemd«, das nur selten perfekt sitzt und bei der kleinsten falschen Bewegung in seiner Winzigkeit entlarvt werden könnte, weil sich sein unterer Saum plötzlich über den Ausschnitt der Strickjacke stülpt.

Früher war das anders. Nicht nur, weil man höhere Ausschnitte trug, ja insgesamt etwas zugeknöpfter war und so eine Enttarnung des Betrügerchens viel seltener vorkam. Für viele war das Betrügerchen schlicht eine Notwendigkeit, aus praktischen und später auch aus wirtschaftlichen Gründen.

Im 19. Jahrhundert hieß das Betrügerchen noch »chemisette« und war ungleich edler. Chemisettes waren weiße Brusteinsätze aus Spitze oder Musselin, zart und reich verziert, oft mit Stehkragen, die das Dekolleté der Frau bedeckten. Das diente erstens der schamvollen Verhüllung, zweitens aber auch einer leichteren Reinigung der Alltagsgarderobe. Die aufwendigen Kleider, die Frauen im ausgehenden 19. Jahrhundert trugen, konnten nicht einfach so gewaschen werden. Der herausnehmbare Brusteinsatz dagegen wurde regelmäßig gereinigt und gestärkt, sodass die Frauen immer blütenrein wirkten.

Eine Idee, die auch in der Herrenmode aufgegriffen wurde. Um die Jahrhundertwende kamen Brusteinsätze für Männer auf, die abends zum Frack oder Dinnerjacket getragen wurden. Doch beließ man es dabei nicht einfach nur bei Betrügerchen aus Stoff, sondern fand im Zuge der Industrialisierung noch ganz andere Materialien, die Geld und Arbeit sparten: Es mag aus heutiger Sicht abwegig erscheinen, aber Betrügerchen aus Zelluloid erfreuten sich zu Beginn des 20. Jahrhunderts großer Beliebtheit. Ja, die Herren hängten sich in der Tat ein Stück weißes Hartplastik (das daher auch »Plastron« genannt wurde) um den Hals, das wie ein perfekt gestärktes weißes Smokinghemd aussehen sollte.

Die Vorteile lagen auf der Hand: Zelluloid wirft keine Falten und bleibt unbefleckt weiß, es musste nicht in die Waschmaschine, und allfällige Flecken ließen sich einfach abwischen. Andererseits waren diese Plastik-Betrügerchen aber auch furchtbar unhandlich. Sie hüpften, wenn sie nicht gut befestigt waren (viele hatten an den Seiten zwei Bänder, mit denen sie um den Rumpf gebunden werden konnten), auch mal plötzlich aus dem Revers, wirkten unnatürlich steif und gaben immer wieder Anlass zu ungewollten Lachern – weshalb sie auch gerne in Sketchen zum Einsatz kamen. Comedyfans ist die Szene mit dem Opernsänger, bei dem sich während des Auftritts das Betrügerchen löst und bis zum Hals hochrollt, bestimmt ein Begriff.

Aus Kostengründen statteten auch viele Hotels und Restaurants ihre Angestellten mit Betrügerchen aus, allerdings nicht mit solchen aus Stoff oder Zelluloid, sondern mit Wegwerf-Modellen aus dünnem Karton.

Schließlich fand man doch wieder zum Original aus Stoff zurück, und das hielt sich wacker bis nach dem Zweiten Weltkrieg. Für eine Bluse und ein Hemd ging man damals nicht einfach schnell zum Modediscounter. Es waren teure Kleidungsstücke, die man hegen und pflegen musste. Gerade in der wirtschaftlich schwierigen

Kriegs- und Nachkriegszeit war das Betrügerchen eine praktische Sparmaßnahme, zumal Frauen über der Bluse ohnehin Pullover oder Strickweste trugen und nur der Kragen zu sehen war.

In der heutigen Zeit kauft sich kaum noch jemand aus Spargründen ein Betrügerchen. Stattdessen bietet es im 21. Jahrhundert andere Vorteile. Unsere fehlerfrei funktionierenden Zentralheizungen rechtfertigen es kaum, in Innenräumen die doppellagige Kombination aus Bluse und Pullover zu tragen, außer man möchte die schönen Sachen komplett durchschwitzen. Wie gut, dass sich da mit einem Betrügerchen ganz leicht eine Lage wegschummeln lässt.

Wo tragen?

Überall, wo man nicht peinlicherweise die obere Lage ablegen muss.

Wie tragen?

Ein Betrügerchen muss tadellos sitzen und ebenso tadellos sauber und glatt sein.

Und dazu?

Pullover und Strickjacken, die gut decken. Denn auch das schönste Betrügerchen wirkt lächerlich, wenn seine Ränder durch die obere Lage schimmern und jedem Betrachter sofort klar wird, dass hier geschummelt worden ist.

N° 4

Bikini

Es soll doch tatsächlich Menschen geben, die glauben, das Bikini-Atoll – eine kleine Ansammlung von Palmeninseln in der Südsee, auf denen die USA ab 1946 Atomwaffentests durchführten – sei nach dem zweiteiligen Badekleid benannt. Ergibt ja auch Sinn, denn an radioaktiv verseuchten Stränden tummeln sich naturgemäß zahllose leicht bekleidete Urlauberinnen. Oder haben die Inseln etwa von oben gesehen die Form einer Badenixe? Oder wurde der Bikini gar dort erfunden?

Alles Humbug. Der Bikini bekam seinen Namen erst vier Tage *nach* der ersten Zündung einer Atombombe über dem gleichnamigen Südseeatoll. Und erfunden wurde er nicht an einem polynesischen Sandstrand, sondern mitten in einer europäischen Großstadt.

Es war der 5. Juli 1946, als im Pariser Schwimmbad Molitor eine Bademodenschau einen textilen Tsunami auslöste. Ihr Veranstalter, der ortsansässige »créateur« Louis Réard (der von seinen Berufskollegen belächelt und geschnitten wurde, weil er kein ausgebildeter Modedesigner war, sondern ursprünglich Ingenieurwesen studiert hatte) hatte die Presse an den Pool geladen, um ihr ein neues Badekleid zu präsentieren – von dem ihm schon von vornherein klar war, dass es einen Skandal verursachen würde.

Alle angefragten »anständigen« Mannequins hatten sich im Vorfeld geweigert, Réards Kreation in der Öffentlichkeit zu tragen, sodass er schließlich eine Varietétänzerin engagieren musste. Die präsentierte nun die sündige Badebekleidung, die der Designer zwei Wochen später unter der Nummer 19 431 beim Pariser Patentamt unter dem Namen »Bikini« anmeldete. Vier Stoffdreiecke – eines für die Pobacken, eines für die Scham, zwei für den Busen – zusammengehalten durch dünne Schnüre, bedruckt mit Zeitungsausschnitten, als hätte Réard geahnt, dass das Bild seiner Kreation am nächsten Tag in allen Blättern gezeigt wurde.

Nicht etwa, dass Réards Entwurf der erste Zweiteiler der Modegeschichte war. Badebekleidung aus Höschen und Oberteil gab es bereits seit den 20ern, und sie war von Anfang an nichts für »anständige« Mädchen gewesen. Neu an Réards Entwurf war seine kompromisslose Knappheit. Bis dahin hatten Zweiteiler trotz ihrer Sündigkeit doch immer das Nötigste bedeckt. Sie ähnelten eher einer Kombination aus eng anliegenden Boxershorts und Tanktop (ein Ensemble, das heute auch als »Tankini« bekannt ist). In den USA hatte es die sogenannte »palm beach combination« in einige Spielfilme geschafft; oben züchtiges Bustier, unten ein knappes Hosenröckchen, der Nabel bedeckt. In ähnlichen Modellen spielen heute Weltklasse-Sportlerinnen vor Tausenden von Zuschauern Tennis, damals hingegen traute sich damit kaum eine Frau an den Strand.

Es gab sogar einen, der bereits vor Réards Präsentation im Schwimmbad überzeugt war, das absolute Minimum an Stoff herausgeholt zu haben. Jacques Heim, ebenfalls Modemacher in Paris und anders als Réard hoch angesehen, hatte nämlich nur wenige Wochen zuvor den »kleinsten Badeanzug der Welt« vorgestellt. Im festen Glauben, dass es nichts Kleineres geben könne, nannte er seine Kreation »Atome« und bewarb sie an den Stränden Frankreichs mit einem enormen Werbebanner, das von einem Flugzeug die Küste entlanggezogen wurde.

Aber es ging eben doch noch knapper. Am Tag nach Réards Premiere des Bikinis war zu lesen, der Ingenieur habe einen Zweiteiler geschaffen, der »kleiner als der kleinste Badeanzug der Welt« sei – ein klarer Seitenhieb auf Jacques Heim.

Der konnte allerdings in den folgenden Jahren größere Erfolge feiern als Réard. Denn der Triangel-Bikini war seiner Zeit weit voraus, und bis in die 50er-Jahre hinein gehörte es sich schlicht nicht, in etwas anderem als einem Einteiler baden zu gehen. Wenn Frauen überhaupt einen Zweiteiler trugen, dann viel eher einen in der Form des »Atome« – züchtiger und an den richtigen Stellen den Körper formend. Erst nachdem Brigitte Bardot (1956 in *Et Dieu … créa la femme – Und immer lockt das Weib*) und Ursula Andress (1962 in *Dr. No*) in ihren Bikinis Filmgeschichte geschrieben hatten, trauten sich mehr Frauen in knappen Zweiteilern an den Strand.

Warum Réard seinen Zweiteiler ausgerechnet »Bikini« taufte, ist bis heute nicht ganz klar. Vielleicht hoffte er ja, dass seine Kreation einschlagen würde wie eine Bombe. In einem Interview sagte er dazu, die Bikini-Inseln seien wie seine Schöpfung winzig klein, paradiesisch und erotisierend – wobei rein objektiv gesehen zumindest die beiden letzten Attribute wohl kaum auf einen Schauplatz für Kernwaffentests zutreffen.

Doch was bedeutet eigentlich das Wort »Bikini«? Anders als man vermuten könnte, weist das »bi« im Wort nicht auf die Zwei hin. Der Begriff stammt aus der Sprache der polynesischen Bewohner des Atolls. Und in dieser bedeutet »pikinni« schlicht »Ort mit vielen Kokosnüssen«.

Wo tragen?

Bikinis gehören in die unmittelbare Nähe von Pools, Ozeanen und Badeseen. An Orten, wo keine Bademöglichkeit besteht, ist ein Bikini unangebracht.

Wie tragen?

Die stützenden und formenden Eigenschaften gewisser Modelle sollten auf keinen Fall ungenutzt bleiben, denn der einst so skandalöse Triangel-Bikini sieht tatsächlich nur an gertenschlanken Frauen mit straffem A- oder B-Cup sexy aus. Ultraknappe Bikinis (wie sie zum Beispiel die Frauen an der Copacabana tragen) können einem auch heute noch böse Blicke einbringen – und darüber hinaus zum Rauswurf aus dem Familienbad führen.

Und dazu?

An der Beach-Bar und auf dem Weg zum Strand ist zumindest eine Minimalbedeckung angebracht.

N° 5

Bomberjacke

Ihr Name verheißt Unheil. Denn er verweist eindeutig nicht darauf, dass man in dieser Jacke »bombe« aussieht, sondern auf die Tatsache, dass sie zuallererst von Männern übergeworfen wurde, die gewaltsame Handlungen begingen – als Piloten in Kampfflugzeugen, den »Bombern« eben. Und plötzlich ist man in Gedanken, hach, bei diesem Manifest der Pilotenverklärung, bei diesem unsäglich weichgespülten Filmepos aus den 80er-Jahren – bei Tom Cruise und *Top Gun*.

Und damit total im falschen Film. Das, was Tom Cruise da trägt, ist gar keine Bomberjacke. Seine Lederjacke mit den bunten Aufnähern ist in US-amerikanischen Militärkreisen unter dem Namen G-1 bekannt und nichts als eine hundskommune Fliegerjacke. Als »Bomberjacke« bezeichnet man nämlich streng genommen nur ein ganz bestimmtes Modell, und zwar jenes namens MA-1. Dieses war, als es in den 50er-Jahren eingeführt wurde, eine Revolution in der Kampffliegerei. Die bis dahin eingesetzten Lederjacken waren schwer und unpraktisch: Am Boden waren sie zu warm, und wenn der Pilot seine maximale Flughöhe erreichte, wurden sie kalt und steif. Die MA-1 dagegen war aus der neuen, leichten Kunstfaser Nylon. Offen getragen ließ die Jacke auch auf dem heißen Flugfeld genug Luft an den Körper, im Cockpit zog man den Reißverschluss hoch und war, so der Hersteller, auch bei Temperaturen von unter null Grad Celsius gut geschützt.

Diese ersten Bomberjacken waren grün oder dunkelblau, mit Strickbündchen an der Hüfte, am Kragen und an den Handgelenken. Ab den 60er-Jahren kam das typische orangefarbene Innenfutter dazu, das auch nach außen getragen werden konnte. Die Wendejacke sollte abgestürzte Piloten für Rettungskräfte leichter sichtbar machen.

Schnell fand die Bomberjacke auch in der Zivilbevölkerung erste Fans. Einzelne Exemplare schafften es in den frühen 60er-Jahren über den großen Teich nach England und wurden dort zu einem beliebten Kleidungsstück der Mods, einer Subkultur auf Motorrollern. »Scooter jacket« nannten sie die Bomberjacke. Es war nur die erste von vielen Untergrundbewegungen, die sich in Nylon hüllte. Die aus den Mods hervorgegangenen Skinheads betonten mit ihren derben Outfits aus Springerstiefeln und Bomberjacken ihre Zugehörigkeit zum Proletariat. Sie waren es, die den Grundstein legten für dieses ungute Gefühl, das einen noch heute beim Anblick von Männern in Nylonblousons beschleicht. Die Skinheads waren Schlägereien nicht abgeneigt. Allerdings ging es anfangs vor allem ums Prügeln, die politische Gesinnung spielte nicht wirklich eine Rolle. Dies änderte sich in den 80er-Jahren, als zuerst in Großbritannien und später auch in anderen europäischen Ländern rechtsradikale Kreise immer mehr Anhänger der Skinheadszene auf ihre Seite zogen. Parallel dazu formierte sich eine Gegenbewegung anarchistischer und linksradikaler Skinheads. Bomberjacken trugen beide Seiten, was es oft schwer machte, sie auseinanderzuhalten.

So bekam die Bomberjacke in der zweiten Hälfte des 20. Jahrhunderts den Ruf eines Accessoires für Randgruppen. Sie war etwas für Schläger und Neonazis, für böse Jungs und Vorstadtkriminelle. Der Blousonschnitt tat sein Übriges dazu: Die üppige Oberarmpartie schummelte auch jenen breite Schultern und einen kräftigen Bizeps herbei, die eher schmächtig gebaut waren, und das Bündchen an der Hüfte sorgte für einen scheinbar aufgeblasenen Oberkörper.

Erst nach der Jahrtausendwende schaffte die Bomberjacke es langsam aus der Schmuddel- und Schlägerecke heraus. Leichte, modische Sommervarianten werden heute auch von Frauen getragen, manche sind gar mit Blümchen dekoriert. Und auch unter Männern gibt es inzwischen komplett gewaltfremde Exemplare, die sich gerne in glänzendes Nylon hüllen. Die Damen spenden da bestimmt gern Applaus. Spätestens seit Ryan Gosling 2011 in *Drive* ein speckig glänzendes Goldjäckchen mit Skorpion-Applikation trug, ist die Bomberjacke nämlich ein gutes Outfit für Herzensbrecher.

So einer war auch Tom Cruise in *Top Gun,* der eben »nur« eine Fliegerjacke trug, doch das spielt in der heutigen Modeterminologie ohnehin eine untergeordnete Rolle. Als »Bomberjacke« wird heute so ziemlich alles bezeichnet, was nur im Entferntesten an einen Blouson oder eine Pilotenjacke erinnert. Ob Nylon oder Leder, das ist vielen Designern egal, sogar Collegejacken (das sind die mit den weißen Ärmeln und den großen Buchstaben auf der Brust) werden inzwischen von manchen Versandhäusern und Modeketten als Bomberjacken angepriesen.

Der Hersteller der originalen Bomberjacke MA-1, Alpha Industries, macht ein gutes Geschäft mit der zunehmenden »Zivilisierung« seines bekanntesten Modells. Den schnell wachsenden weiblichen Markt konnte man lange nicht erobern; zu bullig wirkte die MA-1 an schmalen Schultern, zu sehr wurden jene Elemente des weiblichen Körpers betont, die viele Frauen am liebsten gekonnt kaschieren. Statt des Klassikers kaufte das weibliche Geschlecht da lieber ein sündhaft teures, bunt gemustertes oder zart geblümtes Designerstück von Philip Lim oder Stella McCartney. Das war Alpha Industries dann offenbar doch zu viel Konkurrenz, und so brachte man 2013 eine schmal geschnittene Variante der MA-1 nur für Frauen auf den Markt. Damit kann man jetzt auch mit zarten Schultern echt bombe aussehen.

Wo tragen?

Frauen können ihre Bomberjacke ganz ungezwungen tragen. Bei Männern ist dagegen Vorsicht geboten, denn gerade an den Orten, wo man »traditionellen« Bomberjackenträgern begegnen könnte (Fußballstadien, Nachtleben, Rotlichtviertel), strahlt Mann ohne Absicht Gewaltbereitschaft aus.

Wie tragen?

Wer bei geschlossenem Reißverschluss obenrum wie das Michelin-Männchen aussieht, hat das falsche Modell gekauft.

Und dazu?

Männer sollten dem proletarischen und brutalen Image der Bomberjacke mit betonter Eleganz begegnen – schicken Schuhen und schmal geschnittenen Hosen und Hemden. Frauen dürfen auch mit Stereotypen spielen und dazu eine Pilotenbrille tragen.

N° 6

Brautkleid

In den Träumen der meisten unverheirateten Frauen ist es weiß. Mit Spitze und Schleier. So soll ein Brautkleid schließlich sein bei einer anständigen Hochzeit, so gehört sich das einfach. Weiße Brautkleider haben immerhin eine lange Tradition, oder?

Nun, nicht wirklich. Eigentlich ist es nämlich keine zweihundert Jahre her, dass weiße Brautkleider so richtig in Mode kamen, und auch danach konnten sich längst nicht alle ein weißes Kleid zur Hochzeit leisten.

Im Mittelalter heirateten Frauen – und Männer – meist in ihren besten Sachen. Entweder sie hatten schon ein Sonntagskleid und trugen dieses auch zur Hochzeit, oder sie ließen ein neues anfertigen, welches dann nach der Hochzeit als Sonntagsstaat weiterverwendet wurde. Viele Frauen nähten ihre Kleider auch selber. Braun und Grau waren beliebte Farben – nicht aus ästhetischen, sondern aus praktischen Gründen. Kleider mussten damals mühsam von Hand gewaschen werden, und diese Farben ließen sich leichter reinigen und verziehen auch mal einen Fleck.

Auch adlige Bräute, die sich ein eigentliches Hochzeitskleid leisten konnten, trugen dies nicht nur für diesen einen Tag, sondern ließen es im Laufe der Jahre immer wieder ändern und anpassen, um es weiterhin zu besonderen Anlässen anziehen zu können. Ein Kleid nur für einen einzigen Tag im Leben – das galt sogar bei den Reichen als maßlose Verschwendung.

Weiß als Farbe der Unschuld erscheint uns althergebracht, ist aber ebenfalls eine neue Prägung – zuvor wählten adlige Bräute zur Vermählung gerne ein hellblaues Kleid, um ihre Unschuld zu unterstreichen. Eine Ausnahme ihrer Zeit war Maria Stuart, die 1558 gerade einmal 15-jährig in Weiß vor den Altar trat, um den französischen Kronprinzen Franz II. zu heiraten. Dass sie damit keinen Trend auslöste, liegt wohl an den Umständen – Franz starb nur zweieinhalb Jahre später, Maria machte sich in den folgenden Jahrzehnten als Königin von Schottland viele Feinde und wurde schließlich hingerichtet.

Besser erging es fast drei Jahrhunderte später einer Frau, die auf jenem Thron saß, den Maria so gerne für sich gehabt hätte: Königin Victoria von England[1]. Nur 18-jährig war sie 1837 gekrönt worden,

---

1 Kleine Randnotiz: Victoria ist sowohl die Urgroßmutter von Königin Elizabeth II. als auch von deren Ehemann Prinz Philip, außerdem von Sofia und Juan Carlos von Spanien (ebenfalls ein Ehepaar), Harald von Norwegen, Margrethe von Dänemark, Karl Gustav von Schweden und vieler Mitglieder anderer Adels- und Königshäuser. Sie wird daher auch als »Großmutter Europas« bezeichnet.

damals noch unverheiratet. Drei Jahre später heiratete sie Albert von Sachsen-Coburg und Gotha – aus Liebe. Zwar galt die Ehe offiziell als arrangiert, doch erachteten viele die Vermählung von Victoria mit dem eher unbedeutenden deutschen Prinzen als nicht standesgemäß. Sie selbst machte kein Geheimnis daraus, dass sie in ihren zukünftigen Mann verliebt war – ganz im Gegenteil. An ihrem Hochzeitstag erklärte sie, dass sie nicht als Monarchin, sondern als Alberts Braut vor den Altar treten werde. Sie verzichtete auf ihre königlichen Insignien, trug weder Krone noch Hermelinmantel, sondern zum Schleier einen Blumenkranz. Und eben ein weißes Brautkleid, mit ganz viel Spitze.

Es war dieses Bild von der romantischen, unschuldigen, hingebungsvoll verliebten Braut, das in die Geschichte einging und einen Trend auslöste. Der beschränkte sich allerdings vorerst auf den Adel und wohlhabende Bürger. Für das gewöhnliche Fußvolk war es nach wie vor undenkbar, sich ein Kleid nur für diesen einen Anlass anzuschaffen. Wobei Königin Victorias Hochzeitsgarderobe keineswegs nur an diesem einen Tag zum Einsatz kam. Vor allem die Spitze – handgemacht in Devon und damit eine Würdigung des einheimischen Handwerks – fand noch viele Male Verwendung: Victoria trug sie zur Taufe all ihrer neun Kinder, zu mehreren Hochzeiten und zu ihrem eigenen Thronjubiläum.

Dass die Königin so viele Nachkommen hatte, befeuerte den Trend zu weißen Brautkleidern zusätzlich. Denn ihre Töchter und Schwiegertöchter wollten natürlich im gleichen Stile heiraten wie Victoria. Außerdem war es die Zeit, in der sich der Zeitungs- und

Zeitschriftenmarkt etablierten. Die Medien berichteten über Victorias Vermählung, es gab Souvenirs mit Bildern der Königin und ihres Gemahls (eine Tradition, die sich auch heute noch bei Adelshochzeiten großer Beliebtheit erfreut), auf Tableaus wurden Szenen einer perfekten Hochzeit gezeigt – immer mit einer Braut ganz in Weiß.

Trotzdem wurde es erst nach dem Zweiten Weltkrieg allgemein üblich, in Weiß zu heiraten; vorher fehlte vielen Bräuten schlicht das Geld dazu. Erst die Massenproduktion und das Brautkleid von der Stange machten Märchenhochzeiten für alle erschwinglich. Eines hat sich aber seit Victorias Zeiten nicht verändert: Die Trends in Sachen Brautkleid setzen nach wie vor der Adel und die Prominenz.

Wo tragen?

Ist es weiß? Erinnert es an ein Sahnebaiser? Dann nur zur Hochzeit.

Wie tragen?

Mit einem milden Lächeln auf den Lippen und einer Träne im Augenwinkel. Und mit einem vierwöchigen Intensivfitnessprogramm in den Knochen, nicht nur der Figur wegen – so ein weißes Rüschenmonster wiegt Kilos!

Und dazu?

Halten Sie es mit den Briten (die haben das weiße Brautkleid schließlich erfunden): »Something old, something new, something borrowed, something blue and a lucky six-pence in your shoe.«

N° 7

Bubikragen

Es erscheint im ersten Moment ein wenig absurd, dass ein Kragen, der gemeinhin als feminin empfunden wird, eine männliche Bezeichnung hat. Kein Mann und kein Bube trägt heutzutage Bubikragen. Zwar assoziieren wir mit dem Kragen durchaus das Kindliche, das sich in dem Wort »Bubi« versteckt, nur denken wir dabei eher an Mädchen und junge Frauen, die ein wenig mit ihrem Lolita-Image kokettieren. Der Bubikragen ist das Standardaccessoire der Kindsfrau. Doch Bezeichnungen, das ist auch in der Mode so, kommen meist nicht von irgendwoher. Sie erzählen eine Geschichte. Und so war der Bubikragen, analog zum Bubikopf, ursprünglich den Knaben vorbehalten.

Gestärkte weiße Kragen waren in der Männermode des 19. Jahrhunderts gang und gäbe. Der Mann von Welt trug sie kurz und spitz, gern mit Fliege, Krawatte oder Halsbinde. Und da korrekte Kleidung schon im Kindesalter begann, trug auch der noble Nachwuchs, den man zur Ausbildung gerne in ein edles Internat schickte, einen gestärkten weißen Kragen – nur war dieser oft deutlich breiter, runder und damit »kindlicher« als jener der erwachsenen Männer. Im englischen Eliteinternat Eton gehört ein Kragen, der unserem Verständnis eines Bubikragens sehr nahe kommt, bis heute zur Schuluniform.

Auch andere Knaveninternate auf beiden Seiten des Atlantiks steckten ihre Schüler Ende des 19. Jahrhunderts in Hemden mit breiten, weißen Kragen – oft aus Spitze gefertigt. Es gab gar einen regelrechten Hype um diese Kragen, ausgelöst vom 1886 erschienenen Kinderbuch *Little Lord Fauntleroy (Der kleine Lord)* der britisch-amerikanischen Schriftstellerin Frances Hodgson Burnett. Die darin enthaltenen Illustrationen zeigen einen reichen Fratz mit ausladendem Spitzenkragen – ein Outfit, das vor allem in den Vereinigten Staaten für kleine Knaben Schule machte.

Doch es war ein anderes Kinderbuch – oder vielmehr vorerst ein Theaterstück für Kinder –, das dem Kragen den endgültigen Durchbruch verschaffte. *Peter Pan, or the Boy Who Wouldn't Grow Up* heißt das Stück aus dem Jahr 1904. Dieser frühe Bühnen-Peter-Pan hatte optisch nur wenig gemeinsam mit unserem von Walt Disneys Zeichentrickfilm geprägten Bild des Jungen, der nie erwachsen werden will. Streng genommen war dieser Junge auch gar kein Junge, denn Knabenrollen wurden in der Regel von erwachsenen Frauen gespielt.

Eine der berühmtesten Schauspielerinnen ihrer Zeit war Maude Adams. 1905 übernahm sie die Rolle des Peter Pan in der Urauffüh-

rung am New Yorker Broadway. Anders als der Peter Pan, den sich sein Erfinder, der schottische Schriftsteller J. M. Barrie, in Herbstblättern und Spinnweben vorgestellt hatte, trug Adams auf der Bühne Kleider – alles andere wäre wohl gar unschicklich gewesen. Es war dieses Kostüm, bestehend aus einer kecken Jagdmütze mit Federn und einer gemusterten Bluse, das in Erinnerung bleiben sollte. Die Bluse nämlich war mit einem Kragen geschmückt, einem breiten, weißen Kragen mit abgerundeten Spitzen.

»Peter Pan collar« tauften die amerikanischen Medien den Kragen, und so heißt der Bubikragen im Englischen bis heute. Adams' Outfit wurde zum Trend – nicht etwa, wie bisher, bei kleinen Jungen, sondern bei erwachsenen Frauen. Zwar wurde der Bubikragen schon wenige Jahre später von amerikanischen Medien als kurzlebiger Hype verschrien, doch er hielt sich hartnäckig und über Jahrzehnte, war mal mehr und mal weniger in Mode, aber nie ganz weg.

Einen Schönheitsfehler hat die gloriose Geschichte des Peter-Pan-Kragens allerdings: Den Modehype gab es schon einige Jahre früher – nicht etwa in New York, sondern in Paris. Dort war bereits 1900 das Buch *Claudine à l'Ecole* von Colette erschienen, in welchem die Titelheldin einen runden, weißen Kragen trägt – eben einen Bubikragen. Bis heute nennt man ihn in Frankreich »col Claudine«.

Wer also hats erfunden? Und hat da vielleicht jemand kopiert? Maude Adams, die Broadwaydarstellerin des Peter Pan, soll gemäß einer Biografie ihr Bühnenkostüm zusammen mit einem befreundeten Ehepaar, dem Maler John White Alexander und dessen Frau Elizabeth, entworfen haben. Und diese beiden wiederum hielten sich in Paris auf, als dort Colettes Buch erschien und die Frauen wenig später im »col Claudine« durch die Straßen flanierten. Man muss wohl davon ausgehen, dass die Pariser Mode zumindest eine Inspiration für den Kragen von Maude Adams' Bühnenkostüm war.

Ob es nun Peter Pan war oder Claudine (oder sogar der kleine Lord Fauntleroy) – die Vorreiter des Bubikragens waren allesamt kindlich. Und kindlich wirkt noch heute, wer sich diesen Kragen umlegt. Das mag bei jungen Frauen einen Lolita-Effekt herbeizaubern, doch irgendwann muss auch einmal Schluss sein – schließlich wird Peter Pan am Ende auch nicht glücklich mit seiner Entscheidung, nie erwachsen zu werden.

Wo tragen?

Das harmlose Aussehen der Bubikragenbluse macht sie zur Gefahr: Im Büro wirkt sie niedlich und kindlich. Ein garantierter Karrierekiller also, außer man hat vor, seinen Aufstieg als Lolita über die Besetzungscouch zu schaffen.

Wie tragen?

Frauen, die aus dem Alter herausgewachsen sind, in dem sie sich mit einem kindlichen Augenrollen Vorteile verschaffen wollen (oder dieses Alter ganz selbstbewusst übersprungen haben), benutzen den Bubikragen allerhöchstens als gelegentliche modische Spielerei.

Und dazu?

Dem kindlichen Image des Bubikragens begegnet man am besten mit einem Stilbruch. Ob rockige Lederhose zur Bubikragenbluse oder ein ultrakurzes Minikleid mit Bubikragen – der Kontrast macht den Unterschied.

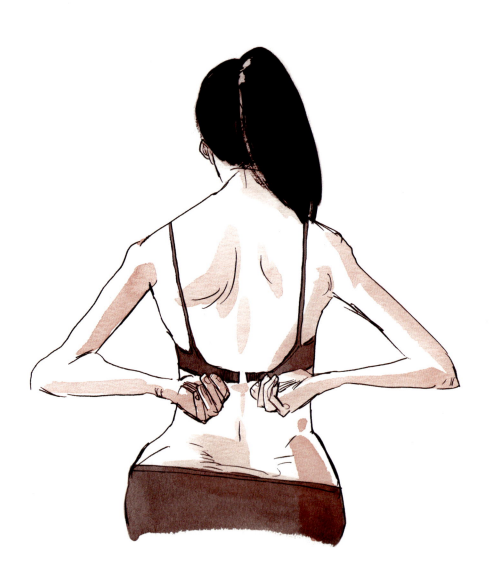

N° 8

Büstenhalter

2012 wurde er überall groß gefeiert – der angeblich 100. Geburtstag des Büstenhalters. Die Zeitungen und Zeitschriften texteten, was das Zeug hielt, das Fernsehen brachte Sondersendungen. Doch ganz so klar, wie es mancherorts dargestellt wurde, war das gar nicht mit dem Geburtstag. Der Textilunternehmer Sigmund Lindauer aus dem schwäbischen Bad Cannstatt hatte zwar 1912 den ersten in Serie gefertigten Büstenhalter auf den Markt gebracht, doch auf die Idee mit den zwei Körbchen waren vor ihm schon andere gekommen.

Ein Leiden für die Frauenwelt war das Bekleiden im ausgehenden 19. Jahrhundert, musste man sich doch tagtäglich in enge Korsetts schnüren, die kaum Luft zum Atmen ließen, mehrere Kilos wogen und dazu noch enorm schlecht für die Gesundheit waren – sie führten zu Ohnmacht, Verdauungsbeschwerden, ja sogar zu Organquetschungen und Verformungen des Skeletts. Kein Wunder also, dass sich in den Jahren, als die Normen langsam lockerer wurden, gleich mehrere Menschen an einer neuen, leichteren und bequemeren Stütze für die weibliche Brust versuchten.

Dem New Yorker Henry S. Lesher mit seinen »combined breast pads«, die er 1859 zum Patent anmeldete, war das wohl nur bedingt gelungen. Seine an eine Fetischausrüstung erinnernde Kombination aus Gummi und Metall wurde jedenfalls kein Verkaufsschlager. Der Büstenhalter der Französin Herminie Cadolle aus dem Jahr 1899 war zumindest an der Vorderseite den heutigen Modellen sehr ähnlich, hinten allerdings mit einer korsettähnlichen Schnürung ausgestattet. Die Dresdnerin Christine Hardt versuchte es mit einer Art Bandeau zum Knüpfen, das sie an Hosenträger nähte – der heutige Betrachter denkt dabei eher an *Liebesgrüße aus der Lederhose*.

Der Schwabe Lindauer war also gewiss nicht der Erste mit einer solchen Idee, aber er war zur rechten Zeit am rechten Ort – und er hatte ein kaiserliches Patent auf einen Büstenhalter ohne Längs- und ohne Querstützen, der direkt auf der Haut getragen werden konnte. In Serie produziert, war sein Produkt erschwinglich, und mit dem Ausbruch des Ersten Weltkriegs mussten Frauen auch zupacken können – im Korsett eine Unmöglichkeit. Der Büstenhalter wurde zum Symbol der arbeitenden Frau, zur Speerspitze der Emanzipation.

Dass ebendiese emanzipierte Frauenwelt in den Hippiejahren den Büstenhalter dann plötzlich aufs Schärfste bekämpfte, lag an seiner Transformation zum erotischen Objekt. Denn in den Jahren nach dem Zweiten Weltkrieg wandelte sich der Büstenhalter vom einfachen Mittel, die Brust zu stützen, zu einem unverzichtbaren Accessoire. Der Busen wurde nun prominent hervorgehoben, die Modelle liefen spitz zu und dienten auch ein wenig der Zurschaustellung dieser beiden weiblichen Attribute. So kam es, dass nur eine Generation später Frauen, die dem »Heimchen am Herd«-Image aus der Zeit ihrer Mütter nicht mehr genügen wollten, ihre Büstenhalter verbrannten und stattdessen der Natur – und der Schwerkraft – ihren freien Lauf ließen.

Wobei einige offenbar beim Weglassen des Büstenhalters ein wenig schummelten. In den 70er-Jahren jedenfalls konnten sich Amerikanerinnen im Postversand den »nipple bra« bestellen. Es gab ihn in Weiß, Schwarz und Nude, verziert mit einer Gänseblümchenbordüre – und mit aufgenähten Nippeln. So bekam man den »sinnlichen Kaltwetter-Look« jederzeit, ohne dabei auf die Stützwirkung zu verzichten. »Dieser Look ist so provokativ, dass keiner glauben wird, dass Sie einen BH tragen«, versprach eine Anzeige.

Doch es war ohnehin schnell wieder vorbei mit den frei schwingenden Brüsten. Schon in den 80ern setzte man wieder auf kräftige Unterstützung, die 90er waren geprägt vom »Wonderbra« und seinen zahlreichen gepolsterten Imitationen. Der Büstenhalter ist über die Jahrzehnte vom schamvoll bedeckten Hilfsmittel zum Objekt der Begierde geworden – ein amerikanischer Hersteller fertigt zu Werbezwecken gar jedes Jahr ein im wahrsten Sinne des Wortes millionenschweres, mit Diamanten besetztes Edelstück.

Noch im Jahr der großen Feierlichkeiten zum 100. Geburtstag des Büstenhalters, 2012, wurde bekannt, dass sämtliche Streitigkeiten über seinen Erfinder wohl obsolet sind. Bereits vier Jahre zuvor hatte nämlich ein Forscherteam in einem österreichischen Schloss vier leinene Kleidungsstücke entdeckt, die offenbar vor mehreren Hundert Jahren als Isolationsmaterial eingebaut worden waren. Die mittelalterlichen Büstenhalter wiesen eine verblüffende Ähnlichkeit mit heutigen Modellen auf – sie hatten sogar Körbchen.

Untersuchungen der ETH Zürich ergeben zweifelsfrei, dass die Unterwäsche aus dem 15. Jahrhundert stammte. Gemäß der Textilforscherin Beatrix Nutz, die an dem Projekt beteiligt war, wurden diese »Tuttenseck« auch in Texten jener Zeit erwähnt, man hatte sie sich der vagen Beschreibungen wegen und mangels erhaltener Stücke aber nie als Büstenhalter vorgestellt.

Auf die Medien hatte diese historische Textilsensation allerdings wenig Einfluss. Bereits 2014 wurde erneut ganz groß der 100. Geburtstag des Büstenhalters angekündigt, diesmal mit Bezug auf ein Patent, welches die Amerikanerin Mary Phelps-Jacob 1914 angemeldet hatte. Bei so vielen ungestützten Sachverhalten kann man froh sein, wenn wenigstens der BH ordentlich stützt.

Wo tragen?

Nicht im Bett, zumindest dann nicht, wenn man zum Schlafen drinliegt.

Wie tragen?

Unbedingt in der richtigen Größe. Es lohnt sich, alle fünf bis zehn Jahre zur »Neuvermessung« in ein Fachgeschäft zu gehen, denn der Körper verändert sich auch bei erwachsenen Frauen ständig.

Und dazu?

Kleidung, die den Büstenhalter bedeckt. Außer natürlich, man will seine Unterwäsche bewusst herzeigen, zum Beispiel unter einer leicht transparenten Bluse. Dann muss es aber das beste Spitzenstück sein!

N° 9

Caprihose

Es ist – wie so oft in der Mode – ein typischer Fall von »Wer hats erfunden?«. Und das, obwohl man sich – vor allem in den Vereinigten Staaten – über viele Jahre einig war: Die Caprihose kommt von Emilio Pucci. Der nämlich hatte 1949 eine Boutique auf der Mittelmeerinsel Capri eröffnet, in der er später auch die besagte Hose verkaufte.

Andererseits hatte aber bereits 1948 die Münchner Modedesignerin Sonja de Lennart eine komplette »Caprikollektion« vorgestellt, zu der neben der Hose auch ein Caprirock, eine Capribluse, ein Caprigürtel und sogar ein Caprihut gehörten. Der Rock wurde dabei oft über der Hose getragen, denn es war damals keineswegs üblich, dass Frauen in engen und nicht bodenlangen Hosen auf die Straße gingen. Sogar die »Erfinderin« trug die Caprihose anfangs nur am Strand – natürlich auf ihrer Lieblingsinsel Capri.

Wobei das mit dem Erfinden so eine Sache ist. Hosen, die den Knöchel nicht bedecken, gab es schon lange vor der Caprihose. Nur wurden die ausschließlich von Männern getragen. Bereits unter Heinrich III. von Frankreich gab es den Begriff der »culotte«, bei der es sich (anders als uns im 21. Jahrhundert alle möglichen Frauenmagazine weismachen wollen) um eine relativ eng anliegende Hose handelte, die bis knapp unters Knie reichte und dort meist mit einer Schnalle oder mit Bändern geschlossen wurde.

Heute sieht man solche Hosen noch hin und wieder als Wanderhosen, und man nennt sie auch Kniebundhosen oder Knickerbocker. Dieser Begriff wiederum kommt aus New York, wo die niederländischen Siedler (New York hieß bei seiner Gründung Nieuw Amsterdam) solche Hosen trugen – wenn auch deutlich weiter und sackartiger als jene der Franzosen. Nach der Eroberung durch die Briten 1664 blieben die Niederländer in der Stadt, machten sich einen Namen als gute Kaufleute und gehörten schon bald zur Oberschicht New Yorks.

1809 publizierte der Schriftsteller Washington Irving seine Satire *A History of New York* – unter dem Pseudonym Diedrich Knickerbocker. Den Familiennamen hatte er sich bei einem niederländischstämmigen Freund ausgeliehen. Durch das Buch wurde »Knickerbocker« zum Übernamen für die etwas altmodische Oberklasse der Stadt. Und schon bald gebrauchte man den Begriff ein wenig scherzhaft für alles, das typisch New York war. Kein Wunder also, dass sich ein 1846 gegründetes Baseballteam den Namen »New York Knickerbockers« gab – und dass das Basketballteam der »New York

Knicks« seinen Namen ebenfalls von den Knickerbockern hat.

Die Kniebundhose wurde gegen Ende des 19. Jahrhunderts wieder schmaler und in dieser Form zu einer der ersten Sporthosen für Männer. Man trug sie zum Radfahren, Wandern und Golfen, ja sogar zum Skifahren, bis funktionale Kleidung aus Synthetik zur Norm wurde.

Bei Frauen war eine Hose, welche die Knöchel und einen Teil der Unterschenkel frei ließ, aber noch lange nicht die Norm. Erst, als Audrey Hepburn sie in den 50er-Jahren in diversen Filmen trug und Berühmtheiten wie Brigitte Bardot und Grace Kelly sich regelmäßig darin zeigten, wurde die Caprihose auch abseits der Strandpromenaden schicklich.

Was den Erfinderstreit angeht, so ist es gut möglich, dass de Lennart und Pucci unabhängig voneinander auf die gleiche Idee kamen. Und es ist sogar denkbar, dass sie am gleichen Ort ihre Inspiration fanden – an den Küsten der Insel Capri. Noch heute wird im Deutschen die Caprihose auch »Fischerhose« genannt, weil die Fischer nämlich ihre Hosen hochrollten, wenn sie ihre Boote ins Wasser ließen. Manche der italienischen Fischer trugen, wie Bilder aus der Zeit vor dem Zweiten Weltkrieg belegen, auch kürzere Hosen, die etwa bis zur Mitte der Wade reichten. Ein Detail, das den beiden Modemachern trotz Ferienstimmung bestimmt nicht entgangen sein wird.

Bei etwas, das es in verschiedenen Formen schon seit Jahrhunderten gibt, von Erfindung zu reden, wäre da doch ein wenig übertrieben. Eine Ehre, die wohl aber beiden Designern, Sonja de Lennart wie Emilio Pucci, gleichermaßen gebührt, ist, dass sie das Tragen von engen und nicht ganz langen Hosen für die Frau schicklich gemacht haben.

Wo tragen?

Caprihosen sind – in einer eleganten und nicht knallengen Version, die mindestens bis zur Mitte der Wade reicht – eine echte Sommerhosen-Allzweckwaffe für Frauen. Männer sollten hingegen die Finger von Caprihosen lassen. Der amerikanische Stilonkel Tim Gunn sagte über die »manpri« (ein Wortmonster aus »man« und »Capri«), sie sei ein »lose-lose garment«, ein Kleidungsstück also, in dem man immer verloren hat. Knielange Shorts sind für den Mann eindeutig die bessere Wahl.

Wie tragen?

Bloß nicht zu eng. Es ist eine Hose, kein Rinderdarm für eine Presswurst.

Und dazu?

Zierliche Frauen kombinieren dazu kurze Oberteile mit U-Boot-Ausschnitt oder Blusen – ähnlich wie es schon Audrey Hepburn und Grace Kelly vorgemacht haben.

N° 10

Cardigan

Kaum ein Kleidungsstück ist mit so viel Bravheit behaftet wie der Cardigan. Intellektuelle tragen ihn, Nerds und Hipster natürlich, weil die ja alles tragen, was vor ihnen schon die Nerds getragen haben. Das geknöpfte Strickteil eignet sich hervorragend für den ersten Besuch bei der zukünftigen Schwiegermutter oder für die mündliche Abschlussprüfung. Im Cardigan ist alles gleich ein wenig friedlicher, kuschliger und temperierter.

Da erstaunt es doch ein wenig, dass ausgerechnet der Mann, von dem der Cardigan seinen Namen hat, alles andere als friedlich und kuschlig war. James Thomas Brudenell (1797–1868), seines Zeichens der 7. Earl of Cardigan, war ein egomanischer britischer Kriegsgeneral, der seine erste Ehefrau in aller Öffentlichkeit betrog, während sie im Sterben lag, und mit seiner zweiten nur glücklich wurde, weil die sich nicht über seine diversen Geliebten beschwerte.

Zu internationaler Bekanntheit brachte es der Earl 1854 im Krimkrieg. In der Schlacht von Balaklawa führte er den Angriff der Leichten Brigade an, geriet mit seiner Truppe in feindliches Feuer und verlor über hundert seiner Männer. Dabei bekleckerte er sich nicht gerade mit Ruhm, als er, in eine brenzlige Situation geraten, feige kehrtmachte und zurückritt, während seine Truppen weiterhin auf dem Vorstoß waren.

Doch zu seinem Glück verbreitete sich die Wahrheit nur langsam. Bei seiner Rückkehr nach Großbritannien wurde der Earl gar als Held gefeiert. Königin Victoria schwärmte davon, wie bescheiden der Mann doch sei, aber der gab sich in den ersten Wochen nach seiner Rückkehr ganz selbstbewusst. Bei Tischgesprächen und öffentlichen Auftritten ließ er keine Gelegenheit aus, seine Großtaten während des Krieges maßlos zu übertreiben.

Quasi als Zeichen dafür, wie hart der Krieg gewesen war, trug der Earl auf seiner Tour durch die Lande immer noch jene Kleider am Leib, die er auf der Krim getragen hatte. Dazu gehörte auch eine ärmellose Strickweste, die im Schnitt einer üblichen Anzugweste ähnelte, aber deutlich wärmer war. Es dauerte nicht lange, da nannte das Volk diese Weste so wie den ach so mutigen Earl: Cardigan.

Und wenigstens dies hatte er sich offenbar redlich verdient. Denn um eines war der Earl tatsächlich sehr besorgt: die bestmögliche Ausstattung seiner Offiziere. Es war bitterkalt, als auf der Krim der Krieg tobte, und die übliche Ausstattung der britischen Truppen reichte bei Weitem nicht aus zum Schutz vor den eisigen Temperaturen. Dies führte zumindest aus modischer Sicht zu einigen kreativen Neuerungen. Unter den aus dem Krimkrieg hervorgegangenen Designs findet sich zum Beispiel auch die gestrickte Sturmhaube, die im Englischen bis heute mit Bezug auf die dortige Schlacht »Balaclava« heißt.

Ebenso entstand in der Kälte diese gestrickte Anzugweste. Und ebenso wie die Mär vom großen Helden verbreitete sich auch dessen Outfit mit rasender Geschwindigkeit. Bereits 1867 war der Cardigan – nun mit Ärmeln ausgestattet –, ein beliebtes Kleidungsstück für den Winter. In einem Artikel der amerikanischen Jugendzeitschrift *Our Young Ones* wird er als ideale Ausrüstung zum Schlittschuhlaufen erwähnt. Die Strickjacke sei warm, leicht und elastisch, heißt es dort. »Möglich, dass man diese Jacken in den Geschäften findet«, schreibt der Autor dazu, »aber der Preis ist sehr hoch, außer für minderwertige, kurze Dinger.« Daher solle man sich seinen Cardigan besser von der Schwester oder Cousine stricken lassen, das sei wirklich einfach, »außer sie sind nicht halb so geschickt in den nützlichen und dekorativen Künsten, wie ich von ihnen erwarten würde«.

Zum Glück ließ die Entlastung von Schwester und Cousine nicht lange auf sich warten. Bereits 1884 wird in einem Handbuch die »Cardiganjacken-Strickmaschine« der Firma Gimson & Coltman aus dem englischen Leicester erwähnt. Diese war mit einem Einstellring für verschiedene Längen ausgestattet und konnte pro Tag »sechs Dutzend Rumpfstücke« stricken. Angesichts dieser Zahlen erfreute sich der Cardigan Ende des 19. Jahrhunderts offenbar großer Beliebtheit.

Dies sollte auch noch eine Weile so bleiben. Der Cardigan war über viele Jahre die erste Wahl für einen aufgeräumten Freizeitlook. Frank Sinatra trug ihn genauso wie Steve McQueen oder Marilyn Monroe. Grace Kelly und Jackie O. machten die Variante mit dem Rundhalsausschnitt populär, Woody Allen prägte den Cardigan als Ikone der Nerds und kombinierte dazu Brille und Krawatte. Es war dieses Bild, das dem Cardigan zum Verhängnis wurde. Das geknüpfte Strickteil wurde ab den 70er-Jahren zum Symbol der Spießer und Streber, zum Überzieher der Langweiler und Weicheier.

Wann und wie genau der Cardigan seine Männlichkeit zurückbekam, ist schwer zu sagen, aber Daniel Craig spielte dabei zweifellos eine wichtige Rolle. Vor ihm hatte nur ein einziger Bond es je gewagt, einen Cardigan zu tragen: George Lazenby am Weihnachtsabend in *On Her Majesty's Secret Service* (*Im Geheimdienst Ihrer Majestät,* 1969). Und er sah darin ehrlich gesagt ein wenig wie ein Trottel aus. Nicht so Daniel Craig. Bereits in seinem ersten Bond-Film *Casino Royale* trug er 2006 gleich zwei Cardigans und in *Quantum of Solace (Ein Quantum Trost)* machte er munter so weiter. Er muss gewusst haben, dass schon lange vor ihm Männer in Strickwaren in den Krieg gezogen sind.

Wo tragen?

Am Kaminfeuer, in der Berghütte, zum stilvollen Cocktail mit Zigarre. Und im Büro, wenn der nette Kollege mal wieder bei gefühlten minus 15 Grad das Fenster weit aufreißt. Ohnehin sollte man im Büro immer einen Cardigan griffbereit haben. Kein anderes Kleidungsstück spendet mehr Trost.

Wie tragen?

Männer mit Muckis und einer ansehnlichen Schulterpartie (Fragen Sie Ihre Frau, ob Sie ein wenig an Daniel Craig erinnern. Ist die Antwort nein, gehören Sie nicht zu dieser Gruppe.) tragen dick gestrickte Cardigans mit Schalkragen. Und nie den untersten Knopf schließen.

Und dazu?

Echte Kerle (und echte Nerds) tragen ihn wie Steve McQueen über einem Hemd. Bei Frauen kann eine Kragenbluse unterm Cardigan dagegen schnell nach prüder Gouvernante aussehen.

N° 11

Chanel-Jäckchen

Als Gabrielle »Coco« Chanel im Februar 1954 ihre erste Kollektion seit dem Krieg präsentierte, blieben die Begeisterungsstürme zunächst aus. Es war die Zeit des »New Look«, jener Mode, die von Christian Dior geprägt wurde. Schwingende Röcke und Wespentaillen waren angesagt. Doch Coco Chanel – inzwischen immerhin 70-jährig – präsentierte das pure Gegenteil: Ein kantiges Kostüm aus einem knapp über knielangen, gerade geschnittenen Rock und einer untaillierten Jacke mit auffälligen Taschen.

Sie wolle Kleidung schaffen, in der Frauen sich bewegen können, erklärte sie den Journalisten. Für Chanel, die schon kurz nach der Jahrhundertwende in Hosen und mit einem Kurzhaarschnitt aufgetreten war, war der »New Look« mit seiner taillierten Silhouette ein Rückfall in vergangene Zeiten. Nicht das Heimchen am Herd war ihre Kundin, sondern die moderne, arbeitende und aktive Frau.

Zeitlebens war Coco Chanel selbst eine moderne Frau gewesen, und die Liste ihrer Liebhaber ist lang. Drei von ihnen gelten als maßgebliche Inspiration für das kurze Jäckchen, das heute der Inbegriff des Chanel-Stils ist.

Das Tweed-Gewebe – ein Klassiker in der britischen Herrenmode – hatte Coco Chanel schon als junge Frau durch einen ihrer ersten Liebhaber, den englischen Polospieler Boy Capel, kennen- und schätzen gelernt. Als sie in den 20er-Jahren mit dem Duke of Westminster liiert war, erfuhr sie außerdem auf Reisen nach Schottland, wo ihr Liebhaber eine eigene Tweed-Fabrik besaß, viel über die Herstellung des Gewebes.

In den 30er-Jahren begann Chanel eine Romanze mit dem österreichischen Industriellen Baron Hubert von Pantz. Der wiederum hatte kürzlich das Schloss Mittersill unweit von Salzburg erworben und zu einem Hotel umfunktioniert. Die Französin war bei ihren Besuchen überaus angetan von den Trachtenjankern der Angestellten – vor allem, so will es die Legende, von der Uniformjacke des Liftboys mit den vier Taschen und der geflochtenen Borte.

Und so zeigte Chanel in ihrer ersten Kollektion nach Kriegsende in Paris eine Damenjacke, die von Männern inspiriert war, welche in ihren Jacken jagten, Sport trieben, Koffer trugen. Dies war ihr Anspruch: Ein Kostüm, das den Körper nicht einschränkte und auch in Bewegung immer seine Form behielt.

Die Jacke war weicher und dehnbarer als die Modelle anderer Designer – sie war bequem wie eine Strickweste, aber dennoch elegant. Gewoben war sie aus Bouclé – einem Garn aus mehreren

Strängen, die nicht mit einer ebenmäßigen Spannung gesponnen werden, sodass kleine Schlaufen und Unregelmäßigkeiten entstehen. Ein von Hand eingenähtes Seidenfutter sorgte dafür, dass der Tweed nicht auf der Haut kratzte, und eine dünne Metallkette rund um den Innensaum beschwerte und formte die Jacke.

Doch das große Echo blieb zunächst aus. Die ersten Reaktionen auf das revolutionäre Kostüm waren verhalten, die Presse nannte Chanels Entwürfe am Tag nach der Präsentation überholt. Zu sehr erinnerten, so der Tenor, die Silhouetten an Modelle aus der Vorkriegszeit. Dass darin ein Kalkül lag, dass Chanel erneut wie einst in den 20er-Jahren ankämpfte gegen die einschnürende, übermäßig taillierte und unpraktische Norm in der Damenmode, wusste niemand zu würdigen.

Erst mit einem Artikel in der amerikanischen Zeitschrift *Life* drehte einen Monat später der Wind. Dort wurde zwar ebenfalls angemerkt, dass die Silhouetten der neuen Kollektion stark an Chanels Entwürfe aus den 20er- und 30er-Jahren erinnerten, aber man sah darin eine Stärke und eine »erfrischende« Abwechslung zu den »betoniert« wirkenden Looks anderer Designer.

Die Kundinnen sahen es ähnlich. Das Chanel-Jäckchen wurde zum Verkaufsschlager. Romy Schneider trug es, Brigitte Bardot, Grace Kelly. Und Jacqueline Kennedy, die dafür böse gerügt wurde. Die exorbitanten Ausgaben der Präsidentengattin (siehe auch »Animal Print«, Seite 11) und ihre Vorliebe für teure ausländische Mode sorgten für einigen Unmut im Volk.

So kam es, dass Jacqueline Bouvier Kennedy am 22. November

1963 ein Chanel-Jäckchen trug, das gar kein Chanel-Jäckchen war. Ihr rosafarbenes Kostüm mit dem typischen Pillbox-Hütchen sah zwar aus wie eines aus der Pariser Kollektion, doch genäht worden war es in New York. Dort hatte sich die Boutique »Chez Ninon« auf sogenannte »line-for-line«-Anfertigungen spezialisiert. Unter Einwilligung europäischer Modehäuser stellten die Besitzerinnen exakte Kopien von deren Designs her – für gut betuchte Kundinnen, die nicht nach Europa reisen wollten oder aus politischen Gründen lieber Mode »made in USA« trugen.

So war es auch im Fall von Kennedys Kostüm. Die Stoffe und Schnittmuster, ja sogar die Knöpfe und das Innenfutter stammten aus dem Hause Chanel, doch genäht wurde in New York, damit gegenüber der Öffentlichkeit und den politischen Gegnern der Schein des »Einheimischen« gewahrt werden konnte.

Weltweite Bekanntheit erlangte das Kostüm, weil der 22. November 1963 jener Tag war, als John F. Kennedy erschossen wurde. Seine Frau beugte sich in ebendiesem Kostüm über ihn, zeigte sich in dem blutverschmierten Jäckchen im Krankenhaus und weigerte sich standhaft, dieses auszuziehen, als wenig später Lyndon B. Johnson als neuer Präsident eingeschworen wurde.

Es war eine tragische und dennoch heroische Manifestation dessen, was Coco Chanel sich für ihre Jacke gewünscht hatte: Das ideale Kleidungsstück für eine Frau, die jederzeit ihren Mann stehen kann.

Wo tragen?

Überall, zumindest wenn es nach Karl Lagerfeld geht, der seit 1983 bei Chanel das Zepter in der Hand hält und jährlich Neuauflagen des Jäckchens auf den Markt bringt.

Wie tragen?

Carine Roitfeld, ehemals Chefredakteurin der französischen *Vogue*, sagte einst in einem Interview, man könne ein Chanel-Jäckchen tragen wie eine Jeansjacke. Wobei allerdings Jeansjacken um einiges erschwinglicher sind. Schummeln ist daher erlaubt. Solange es sich nicht um ein billiges Imitat handelt, sieht auch ein Bouclé-Jäckchen einer anderen Marke klassisch elegant aus.

Und dazu?

Mit dem passenden Rock als Kostüm getragen, kann das Jäckchen heute schnell ältlich wirken. Moderne Frauen tragen dazu lieber Jeans und ein schlichtes T-Shirt.

N° 12

Dufflecoat

Aus dem »dunkelsten Peru« kommt er bestimmt nicht, der Dufflecoat – auch wenn seine Entstehungsgeschichte zumindest teilweise im Dunkeln liegt. Dafür kommt aber sein prominentester (und knuddeligster) Träger von dort: Paddington Bär. Die gleichnamigen Kinderbücher sorgten ab den späten 50er-Jahren dafür, dass der Dufflecoat zum beliebten Mantel für die Kleinen wurde – dabei war er ursprünglich etwas für harte Kerle.

Wann genau der Dufflecoat erstmals in der uns heute bekannten Form mit den Knebelverschlüssen gefertigt wurde, ist nicht überliefert. Die ersten Bilder von britischen Marineleuten, die mit solchen Mänteln ausgestattet waren, entstanden ganz zu Beginn des 20. Jahrhunderts. Doch woher kam dieser Mantel, und warum nannte man ihn »duffle«?

Es ist ein Puzzlespiel für Fortgeschrittene, das es hier zusammenzusetzen gilt, und die Theorie, die sich daraus ergibt, ist eben nur eine Theorie. Die Geschichte hat sich aber möglicherweise wie folgt zugetragen: Die Briten begaben sich bereits im 19. Jahrhundert gerne auf Expeditionen in die Arktis. Von der Expedition des Jahres 1875 ist ein Wetterschutzmantel erhalten, der vom Schnitt her einem klassischen Dufflecoat sehr ähnelt, aber gewöhnliche runde Knöpfe hat. Im Inventar des britischen Schifffahrtmuseums wird der Mantel zusammen mit einer Hose als »duffle suit« geführt, was in diesem Fall offenbar auf das Material hinweist, aus dem beide Stücke gefertigt sind – einen Stoff aus dem belgischen Örtchen Duffel.

Die Stoffe aus Duffel waren im 19. Jahrhundert in ganz Europa beliebt, und der Ort ist nicht nur für den Dufflecoat Namenspate, sondern auch für die Dufflebag. Dennoch wurde von den Dufflecoats aus dem frühen 20. Jahrhundert nicht ein einziger aus Duffel gefertigt – warum? Weil ab der Jahrhundertwende aus patriotischen Gründen sämtliche Ausrüstung der britischen Armee aus einheimischer Herstellung zu stammen hatte und darum britische Wolle zum Einsatz kam.

Trotz Materialwechsel blieb der Name an der Jacke hängen. Die Knebelverschlüsse wiederum hatte es zuvor schon an anderen Jacken gegeben, zum Beispiel Mitte des 19. Jahrhunderts am sogenannten Polnischen Rock. Am Dufflecoat wurden sie angebracht, weil Seeleute ihn so auch unter rauen Bedingungen und mit Handschuhen auf- und zuknöpfen konnten.

Ab etwa 1910 führt die Geschichte des Dufflecoats in ruhigere Gewässer. Aus dem Ersten und Zweiten Weltkrieg sind viele Bilder des Mantels erhalten. In seiner vom Militär standardisierten Form hatte er vier Knebel und eine Kapuze und war ein ziemlich mächtiges Ding – aber enorm wetterfest. Er erfreute sich nicht nur bei Seeleuten größter Beliebtheit, sondern auch bei deren Chefs. Winston Churchill trug ihn, Sir Bernard Montgomery hatte ihn so oft an, dass der Dufflecoat in Großbritannien noch heute oft »Monty« genannt wird, und David Stirling, der die Eliteeinheit SAS gründete, trug ihn gar in der Wüste. Bleibt zu hoffen, dass der Mantel nicht nur bei Kälte, sondern auch bei Hitze gut isolierte.

Nach dem Ende des Zweiten Weltkriegs gab es plötzlich ein Überangebot an Dufflecoats aus Militärbeständen, und sie wurden auch an Flüchtlinge und Bedürftige verteilt. *Paddington*-Autor Michael Bond sagte in einem Interview, er sei durch diese Flüchtlinge in Dufflecoats zu seiner Bärenfigur inspiriert worden und durch seine Kindheit, als er Kinder sah, die mit einem Schild um den Hals und all ihrem Hab und Gut in einem Koffer aus London evakuiert wurden. Paddington reist denn auch nicht etwa mit seinem Dufflecoat aus Peru an; er bekommt ihn von seinen Pflegeeltern.

Dass Paddingtons Mantel in den Nachkriegsjahren billig zu haben war, machte ihn bei denen beliebt, die sich wenig leisten konnten. Ähnlich wie das Marineshirt (siehe auch Seite 167) verbreitete sich der Mantel in der jugendlichen Subkultur, die ihn aus alten Armeebeständen kaufte. Er war das Erkennungszeichen der »Trad Jazzers«, der Anhänger traditioneller Jazzmusik, die sich so auch modisch von den »Mods« mit ihren Parkas (siehe auch Seite 233) abgrenzten.

Doch auf die eine jugendliche Subkultur folgt die nächste, und ab den 60er-Jahren wurde der Dufflecoat – auch dank der Popularität der Paddington-Bücher – zunehmend von Kindern getragen. Es lag wohl auch daran, dass er der einzige klassische Herrenmantel mit einer Kapuze war und viele das doch etwas kindisch und kindlich fanden.

Erst, als im Zuge des Brit-Pop in den 90er-Jahren die Frisuren und die Mode der Trad Jazzers, Mods und Rocker ein Revival erlebten, wurde der Dufflecoat wieder salonfähig. Wobei Männer wie der Oasis-Sänger Liam Gallagher im Dufflecoat zwar erwachsen aussahen, sich aber notorisch wie kleine Jungs benahmen.

Wo tragen?

Bei Wind und Wetter, auf hoher See oder im verschneiten Wintersportort – wenn es draußen kalt genug ist, dann nur zu. Und ja, Frauen dürfen und sollen unbedingt auch zum Dufflecoat greifen, am besten zu einem in knalligem Rot.

Wie tragen?

Im Gegensatz zu den Seeleuten aus dem frühen 20. Jahrhundert darf man den Dufflecoat heute ruhig passend und gut sitzend kaufen.

Und dazu?

Mehr als Paddington Bär, außer Sie sind scharf auf ein Date mit der Sittenpolizei.

N° 13

Espadrilles

Wenn da nur nicht der Regen wäre ... Für alle, die ihren Sommer hauptsächlich in nicht-mediterranen Gefilden verbringen und nur ein, zwei Wochen pro Jahr an Orten die Sonne genießen können, die zumindest im Juli und August garantierte Trockengebiete sind, kann das Tragen von Espadrilles mitunter zum Spießrutenlauf werden. Denn das nächste Gewitter lauert hinter jeder Ecke, und ein unerwarteter Regenguss kann sich fatal auf das sommerliche Schuhwerk mit der geflochtenen Sohle auswirken. Hat die sich einmal so richtig mit Wasser vollgesogen, wird sie tagelang nicht mehr trocken – und stinkt ganz fürchterlich nach nassem Hund.

Vielleicht stanken also im nördlichen Spanien im 14. Jahrhundert alle dauernd nach nassem Hund – obwohl das späte Mittelalter wohl noch so einige andere olfaktorische Unannehmlichkeiten zu bieten hatte, angesichts derer nasse Espadrilles fast schon nach frischen

Blumen duften mussten. Jedenfalls stammt aus jener Zeit, genauer aus dem Jahr 1322, der erste schriftliche Beleg für die Flechttreter. Ein in katalanischer Sprache verfasstes Dokument erwähnt darin die »espardenyes«.

Der Begriff – in der uns geläufigen französischen wie auch in der katalanischen Variante – leitet sich ab vom Espartogras, einer im Mittelmeergebiet heimischen Grasart, aus der die Schuhsohlen ursprünglich geflochten wurden. Ähnliche Schuhe waren offenbar bereits den Ägyptern und Mesopotamiern bekannt, und im Archäologischen Museum von Granada findet sich ein primitives Paar, das rund 4000 Jahre alt sein soll. Außerdem gehörten Schuhe mit Flechtsohlen auch in verschiedenen lateinamerikanischen Ländern zur traditionellen Bekleidung – schon lange bevor die Spanier dort landeten.

Die erste große Espadrilles-Industrie bildete sich im 19. Jahrhundert im französischen Baskenland heraus. Ihr Zentrum war das Städtchen Mauléon. Dort fertigten Arbeiter die Sohlen, während im Sommer Hunderte von jungen Mädchen aus den Tälern des spanischen Aragon herüberströmten, um als Gastarbeiterinnen das Obermaterial und das Knöchelband an das Flechtwerk zu nähen.

Espadrilles gab es damals nur in der ursprünglichen Variante, so wie sie heute noch in Nordspanien und Südfrankreich zu volkstümlichen Festen und Tänzen getragen werden: Eine geflochtene Sohle, ein Oberbau für Fußspitze und Ferse aus Leinen und zwei oberhalb der Ferse angebrachte Stoffbänder, um den Schuh fest am Knöchel zu fixieren.

Noch gibt es im Baskenland kleine Handwerksbetriebe, die Espadrilles in traditioneller Manier anfertigen. Die meisten aber haben inzwischen die Produktion der Sohlen in andere Länder ausgelagert, vornehmlich nach Bangladesch. Dort werden heute rund 90 Prozent der weltweit verarbeiteten Espadrilles-Sohlen angefertigt. Aus Espartogras sind die nicht mehr. Zuerst verwendete man stattdessen Hanf, inzwischen hat sich Jute als das beste Material erwiesen.

Im 20. Jahrhundert erlebte auch Spanien seine erste große Blüte der Espadrilles-Produktion – allerdings vor einem eher düsteren Hintergrund. Der Familienbetrieb der Castañers in Bañolas nördlich von Barcelona war 1927 gegründet worden und hatte sich auf die Produktion von »alpargatas«, wie die Schuhe in Spanisch heißen, spezialisiert. Die günstigen Treter fanden reißenden Absatz – und machten auch den Staat hellhörig. Kurz nach dem Ausbruch des Spanischen Bürgerkriegs wurde die Firma verstaatlicht, und alle republikanischen Soldaten wurden mit Espadrilles ausgestattet. Es war nämlich billiger, jedem zwei oder gar drei Paar »alpargatas« zu geben, als alle Soldaten mit einem Paar »echter« Schuhe auszustatten.

Nach dem Krieg stagnierte das Geschäft. Zwar waren die Espadrilles hin und wieder auf der großen Leinwand zu sehen – Lauren Bacall trug sie 1948 in *Key Largo (Gangster in Key Largo)*, Grace Kelly 1956 in *High Society (Die oberen Zehntausend)* – und Pablo Picasso mochte sie ebenso wie Salvador Dalí, doch die breite Masse wandte sich lieber Schuhen zu, die auf dem harten Pflaster der schnell wachsenden Großstädte mehr als nur einen Sommer hielten. Viele Espadrilles-Fabriken mussten schließen.

Ein Glück, dass die Castañers 1970 zu einer Schuhmesse in Paris reisten. Als nämlich drei Franzosen an ihrem Stand auftauchten und immer mehr Fragen stellten, erkannte Isabel, die Designerin der Firma, einen von ihnen sofort. Es war Yves Saint Laurent. Er habe sich bereits bei einigen französischen Herstellern von Espadrilles erkundigt, erklärte Saint Laurent, aber keiner von ihnen sei in der Lage, für ihn ein Paar mit Keilabsatz zu produzieren.

Die Castañers versprachen, es zu schaffen, und hielten Wort. Ein befreundeter Schreiner half ihnen bei der Herstellung eines Korkabsatzes, ein anderer Bekannter, der als Zugschaffner arbeitete, brachte ein Päckchen mit Musterstücken nach Paris, denn die Castañers hatten kein Geld für eine zweite Reise.

Wenig später flanierten Yves Saint Laurents Models in den von Castañer gebauten Keilabsatz-Espadrilles mit goldenem und rotem Satinstoff über den Laufsteg. Andere Modemacher wurden auf das spanische Unternehmen aufmerksam, und heute gehören fast alle namhaften Designhäuser zur illustren Kundenliste der Spanier. Dies hat dazu geführt, dass man sich inzwischen problemlos ein paar Espadrilles für 300 Euro oder noch mehr kaufen kann. Der Sinn und Zweck einer solchen Investition sei allerdings dahingestellt. Für teure Espadrilles gilt nämlich dasselbe wie für jene, die man sich für 5 Euro am Strand von Torremolinos oder Biarritz kauft: Sie halten maximal einen Sommer, und sind sie einmal in den Regen gekommen, stinken sie für den Rest der Saison nach nassem Straßenköter – und sehen auch ein wenig so aus.

Wo tragen?

Darüber, ob man Espadrilles im Büro tragen darf, tobt seit Jahren ein heftiger Kampf der Stiltanten und -onkel. Wer zweifelt, sollte es lieber sein lassen. Wer es tun will, sollte vorher den Regenradar konsultieren.

Wie tragen?

In unbeschädigtem und ungewaschenem Zustand. Und barfuß natürlich.

Und dazu?

Sommerkleidchen oder Caprihosen für Frauen, knielange Shorts oder am Knöchel hochgerollte Leinenhosen für Männer. Auf einigen Modeblogs wurde kürzlich auch wieder das Don-Johnson-Memorial-Outfit propagiert (er trug in *Miami Vice* weiße Espadrilles zum weißen Anzug), aber das ist doch eher nicht mehrheitsfähig.

N° 14

Fascinator

Sie wissen wirklich nicht, was ein Fascinator ist? Wo um alles in der Welt waren Sie die letzten Jahre? Und vor allem: Wo waren Sie, als das ehemalige Mauerblümchen und jetzige Fashion-Darling Kate Middleton im Frühjahr 2011 den leicht angeglatzten britischen Kronprinzensohn William heiratete? Hätten Sie dieses monumentale Fernsehereignis verfolgt, wüssten Sie zweifellos, was ein Fascinator ist.

Am diesem Tag hatte nämlich nicht nur der kurvige Hintern von Kate Middletons Schwester Pippa den Auftritt seines Lebens, sonders auch ein wundpflasterfarbenes Ungetüm auf der Stirn von Prinzessin Beatrice, der Tochter von Sarah »Fergie« Ferguson. Der vertikal aufragende Kopfschmuck war vom irischen Hutmacher Philip Treacy als barockes Ornament angedacht gewesen, doch die Weltöffentlichkeit sah ganz andere Dinge darin.

Ob als »Brezel«, »Klobrille« oder »Geweih« interpretiert – Bilder von diesem Unding verstopften schon Minuten später das Internet, eine Facebook-Gruppe mit dem Namen »princess Beatrice's ridiculous royal wedding hat« hatte innerhalb von Stunden über 100 000 Fans. Und die Welt lernte ein neues Wort. Denn dieses unsägliche Teil auf Beatrices Kopf war ein Fascinator.

Den Kopf mit merkwürdigen Dingen zu schmücken ist selbstverständlich keine Erfindung des 21. Jahrhunderts. Und früher ging es sogar noch viel verrückter zu und her. Im 18. Jahrhundert trugen die adligen Damen ihr Haar in sogenannten »poufs aux sentiments«, was frei übersetzt in etwa »Polster der Gefühle« heißt. Der Aufbau des Ganzen verschlang jeweils Stunden: Zuerst wurde ein feiner Metallrahmen auf dem Kopf angebracht, der dann mit pomadierten künstlichen Haarteilen verkleidet wurde. Das eigene Haar wurde toupiert und an das künstliche gesteckt, für die Zapfenlocken im Nacken verwendete man heiße Tonwickler. Dann wurde das Ganze großzügig gepudert; einerseits, um Farbunterschiede zwischen dem eigenen Haar und den Haarteilen auszugleichen, andererseits aber auch, damit die Frisur ein paar Tage hielt. Geschlafen wurde auf möglichst vielen stützenden Kissen, die den Kopf und vor allem das aufgetürmte Haar in Position hielten.

Doch diese Konstruktion, die bis zu einem Meter hoch sein konnte, war erst der »pouf«. Dekoriert wurde er mit »sentiments« – Accessoires, welche die Stimmung der Trägerin ausdrücken sollten. Üblicherweise waren es Federn, Blumen oder Früchte, doch Kaiserin Marie Antoinette begann damit, Miniaturen von Gärten, Tieren und anderen Szenerien auf dem Haar zu tragen. Jeden Tag soll sie einen neuen Haarschmuck verlangt haben – die Damen bei Hofe konnten mit der Mode kaum mithalten.

In zeitgenössischen Zeichnungen mehrfach abgebildet wurde Marie Antoinettes wohl auffälligster Kopfschmuck: Der »pouf à la Belle-Poule«. Zum Anlass des Sieges der französischen Fregatte »Belle-Poule« ließ sie sich eine Miniatur des Schiffes fertigen, um diese auf ihrer Hochsteckfrisur zur Schau zu stellen.

Nachdem Marie Antoinette dann aber im Zuge der Französischen Revolution auf dem Schafott ihr Leben hatte lassen müssen, nahm es auch mit dem übertriebenen Haarschmuck ein abruptes Ende.

Erst in den 20er-Jahren des 20. Jahrhunderts steckten Frauen sich wieder vermehrt Federn, Blumen und Glitzerelemente ins Haar, oft waren diese an einem Haarband angebracht. Dann machte in den späten 30er-Jahren Elsa Schiaparelli mit ihren verrückten Hutkreationen – unvergessen ist der »Schuhhut« – auf sich aufmerksam. In den 60er-Jahren gab es bereits Entwürfe, die den heutigen Fascinators sehr ähnlich waren. Diese kleinen Hütchen, die nicht von selbst am Kopf saßen, sondern mit Spangen fixiert werden mussten, wurden aber Cocktailhüte genannt.

Überhaupt ist unklar, wann und weshalb dieser Haarschmuck nach der Jahrtausendwende plötzlich von allen Fascinator genannt wurde. Zwar gibt es den Begriff bereits seit Ende des 19. Jahrhunderts, er bezeichnete allerdings damals einen fein gestrickten oder gehäkelten Wollschal, den Frauen sich übers Haar und die Schultern legten.

Vielleicht mag der Fascinator zu Beginn tatsächlich, wie sein Name impliziert, so manchen und manche fasziniert haben, aber 2013 verkündete sogar Philip Treacy, der Hutmacher, der wie kein anderer den Siegeszug des Fascinators angeführt hatte, in einem Interview: »Der Fascinator ist tot, und ich bin erfreut.« Das Wort klinge, so fuhr er fort, nach einem schlechten Sexspielzeug.

Zumindest den unsäglichen Fascinator von Prinzessin Beatrice wird man wohl nie wieder in der Öffentlichkeit sehen: Sie hat ihn mit einem Erlös von 99 000 Euro für wohltätige Zwecke versteigert. Und die Gelegenheit, ähnliche modische Entgleisungen auf dem Kopf spazieren zu führen, wird sie wohl so bald auch nicht wieder bekommen, denn seit 2013 ist beim Pferderennen von Ascot in der königlichen Loge das Tragen von Fascinators offiziell untersagt. Die Queen war ganz offensichtlich »not amused« über diese Haarmode. Oder zumindest »not fascinated«.

Wo tragen?

Bei Hochzeiten in Großbritannien gehört er fast schon zum guten Ton.

Wie tragen?

Mit feiner Ironie dekorierte Themen-Fascinators müssen nicht verkehrt sein: Zur Hochzeit an der Küste ein kleines Fischerboot, zur Vermählung in der Karibik einer mit Flamingo und Palme. Klären Sie aber bitte im Vorfeld ab, ob das Hochzeitspaar einen guten Sinn für Humor hat.

Und dazu?

Ein guter Fascinator zieht alle Blicke auf sich. Lassen Sie laute Blumenmuster und knalliges Pink lieber im Schrank.

Nº 15

Flipflops

Offiziell heißen sie bei uns »Zehenstegsandale aus Gummi«. Denn nicht alles, was so aussieht wie ein Flipflop, ist – rein rechtlich gesehen – auch wirklich ein Flipflop. Flipflop, oder genauer »Flip-Flop«, dürfen sich nämlich nur jene Schuhe nennen, auf denen auch Flip-Flop draufsteht – garniert mit einer Prilblume im Logo. 1997 ließ die deutsche Unternehmerin Stefanie Schulze den Namen eintragen und hält seither die Markenrechte an den Flip-Flops. Ein genialer Schachzug, zumal sie ihrem Produkt einen Namen gab, der heute allen als allgemeingültiger Begriff für diese Zehenstegsandalen geläufig ist. Allerdings war es nicht etwa, wie hin und wieder in den Medien behauptet wird, Schulze, die sich diesen Namen ausdachte – es gab ihn schon viel länger.

Doch fangen wir am Anfang an. Da hießen die Flipflops ohnehin ganz anders – und sie heißen auch bis heute nicht überall gleich.

FLIPFLOPS

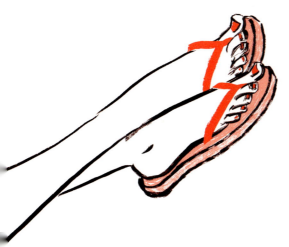

Sandalen, die dem Flipflop optisch nahekommen (wenn auch das Material ein anderes war), gibt es schon seit Jahrtausenden. Die alten Ägypter trugen um 2500 v. Chr. Schuhe mit Zehensteg, und ebenso taten (und tun) es die Japaner. Deren aus Reisstroh geflochtene »zori« wurden früher zu jeder Gelegenheit getragen, auch bei der Arbeit auf dem Feld.

Die internationale Verbreitung der Zori begann, als japanische Feldarbeiter Ende des 19. Jahrhunderts auf der Suche nach einer besseren Zukunft nach Hawaii auswanderten. Die Einheimischen dort erkannten schnell die Vorteile des einfachen Schuhwerks: Es war billig, beständig, bot Schutz für die Fußsohlen, trocknete innerhalb von Minuten und ließ sich leicht abstreifen. All diese Qualitäten begründen auch den heutigen Erfolg der Flipflops in Entwicklungsländern – kein anderer Schuh ist so günstig in der Herstellung (oft wird er aus alten Autoreifen zugeschnitten) und zugleich so beständig und wetterfest (zumindest im tropischen Klima).

Zurück zu den Hawaiianern. Die trugen selbst auch immer öfter solche Zori, allerdings gab es ein kleines Problem mit dem Design: Zori sind nämlich ein Einheitsmodell für beide Füße, es gibt kein rechts und kein links. Von einem Loch in der Mitte an der Vorderseite gehen zwei Riemen aus Stoff ab, die auf beiden Seiten des Schuhs enden. Richtig bequem war das nun auch wieder nicht.

Abhilfe schaffte kurz nach dem Zweiten Weltkrieg ein Schuhmacher aus Honolulu. Elmer Scott kämpfte wie viele andere mit der Materialknappheit nach dem Krieg. Bis dahin hatte er vor allem Gummistiefel mit Metallkappen für Plantagenarbeiter hergestellt, jetzt musste etwas Neues her. Die Rettung kam, als er einen Auftrag für »Duschsandalen« für die in Oahu stationierten Militäreinheiten an Land zog. Scott nahm sich den Zori zum Vorbild, verwendete alte Reifen für die Sohlen und Lederstreifen für die Riemen. Und: Er machte Schuhpaare, also jeweils eine rechte und eine linke Sandale, die sich anatomisch am Fuß orientierten. »Slippers« nannte er seine Designs, und so nennt man die Flipflops auf Hawaii noch heute.

Doch es gibt eine zweite Legende zur »Erfindung« der westlichen Flipflops, und die beginnt im fernen Osten. Dort, in Hongkong, hatte in den späten 40er-Jahren angeblich ein britischer Geschäftsmann namens John Cowie ein Auge auf die japanischen Zoris geworfen und mit der Herstellung von strandtauglichen Modellen aus Gummi begonnen. Er nannte sie »jandals« (eine Zusammensetzung aus »japanese« und »sandals«) und verkaufte sie schon bald erfolgreich an einen neuseeländischen Importeur namens Morris Yock, der 1957 den Namen Jandals in Neuseeland schützen ließ. Wobei Yocks Erben vehement bestreiten, dass ihr Vater jemals etwas mit Cowie zu tun gehabt habe, und stattdessen behaupten, Morris Yock selbst habe die Jandals erfunden. In einem Land, in dem Flipflops so beliebt sind, dass es sogar einen jährlichen »jandal day« gibt, ist dieser Familienzwist keine unerhebliche Streitigkeit, sondern ein Thema von nationalem Gewicht.

Egal, ob es sie nun zuerst in Hawaii gab oder in Neuseeland, die Flipflops wurden schon bald zum internationalen Erfolg. Sie eroberten in den 60er-Jahren die Küstenstreifen Neuseelands, Australiens und des Westens der USA, und in den 70ern waren sie auch in Europa angekommen, an den italienischen Stränden – die deutschen Touristen gaben ihnen den Namen Dianette. Nur verschwanden sie wenig später in unseren Breitengraden fast spurlos, machten Platz für die »Badelatsche«, die in ihrer auffälligsten Form dunkelblau war, versehen mit drei Streifen.

An der fast dauerbesonnten Westküste der USA setzte man dagegen auch weiterhin auf diese Slippers – und irgendwann nannten die dortigen Surfer sie plötzlich Flipflops. Belegt ist das Wort im Surferslang erstmals Anfang der 70er-Jahre, doch seine Herkunft ist alles andere als klar. Viele sagen dem Begriff einen onomatopoetischen Ursprung nach – er imitiere das Geräusch, welches der Schuh beim Gehen mache, doch bewiesen ist das nicht, nur eine Ahnung. Fest steht hingegen, dass die Eigentümerin der Marke Flip-Flop,

Stefanie Schulze, fünf Jahre in San Francisco arbeitete, bevor sie sich in Deutschland mit ihrer Schuhidee eine neue Existenz aufbaute und den »Flip-Flop« zum Strandliebling der Europäer machte.

Heute werden die meisten Flipflops in China, Indien und Brasilien hergestellt. Brasilien ist dabei auch das Land, das sich als Designhochburg der Flipflops etabliert hat. Hier entstehen die Gummisandalen mit den klingenden Markennamen, durch die man sich in der urbanen Hipster-Badeanstalt von der Masse abheben kann (oder sich eben genau dieser Masse zugehörig zeigt).

In Brasilien selbst trägt man übrigens keine Flipflops, sondern »chinelos«. In weiten Teilen des angelsächsischen Sprachgebiets läuft man auf »thongs« (nicht zu verwechseln mit der ebenso bezeichneten Damenunterhose), in Frankreich tragen die Strandtouristen »tongs«, in Spanien »chanclas«, und in Italien nennt man die Gummilatsche »infradito«.

Viele Namen für einen Schuh, der rund um den Globus getragen wird. Wobei die Gründe dafür, dass man einen Flipflop am Fuß hat, unterschiedlicher nicht sein könnten. In Entwicklungsländern ist der Flipflop der Schuh der armen Leute, man bekommt ihn für weniger als einen Dollar am Straßenrand. Bei uns dagegen ist er ein Symbol des Nichtstuns, wir tragen ihn meist nur in unserer hart erarbeiteten Freizeit. Die Anzahl Tage im Jahr, an denen wir Flipflops tragen, steht in direktem Verhältnis zu unserem Wohlstand. Flipflops muss man sich eben leisten können, so billig sie auch sein mögen.

Wo tragen?

Am Strand, im heimischen Garten und in der Badeanstalt gehen Flipflops immer. Schwieriger wird es bei anderen Freizeitaktivitäten. Im hochsommerlichen Biergarten oder im Szenecafé sind Flipflops nicht unangebracht, zum Stadtbummel oder zum Abendessen (ungeachtet der Außentemperaturen) wirken sie eher etwas schlampig. Auf keinen Fall gehören Flipflops ins Büro, außer man arbeitet auf Tonga oder Hawaii.

Wie tragen?

Abgewetzte und kaputte Flipflops sehen nur an professionellen Wassersportlern chic aus. Ein gutes Material sorgt dafür, dass die Flipflops lange halten und nicht so arg auf der schweißnassen Haut scheuern.

Und dazu?

Gepflegte Füße.

N° 16

Gummistiefel

Schon die Ureinwohner des Amazonasgebiets trugen Gummilatschen. Oder zumindest eine Vorstufe davon. Die Maya sollen gar gleich ihre Füße mit einem Kautschuküberzug versehen haben. Andere tränkten zum Schutz der Fußsohlen Gewebe im Saft des Kautschukbaums und erhitzten dieses über dem Feuer, sodass der Saft zu einer klebrigen Masse wurde. Mit Betonung auf »klebrig« wohlgemerkt, denn dieser unbehandelte Kautschuk war bei den tropischen Temperaturen alles andere als fest und beständig.

Als die Amerikaner im 19. Jahrhundert das große Geschäft mit dem Kautschuk witterten, waren sie zuversichtlich, diese »Kleinigkeit« schnell in den Griff zu bekommen. Weit gefehlt. Kautschukfabriken schossen wie Pilze aus dem Boden und produzierten viele Produkte, doch das Material war nicht ausgereift. Bei Hitze zerlief es förmlich in der Sonne, bei Kälte wurde es spröde und brüchig.

Der Kautschukboom drohte zum Desaster zu werden. Viele, die in Kautschuk investiert hatten, verloren ihr gesamtes Vermögen, weil erzürnte Kunden ihr Geld zurückhaben wollten. Einer, der trotz allem an den Werkstoff glaubte, war Charles Goodyear. Als junger Mann hatte er ein Eisenwarengeschäft geführt, war aber bankrottgegangen. Nun, im Jahr 1834, war er überzeugt, dass er eine Methode finden würde, den Kautschuk beständig zu machen.

Über fünf lange Jahre experimentierte Goodyear mit allen möglichen Zusätzen. Er mischte Magnesiumpuder bei und Kalkerde, er behandelte seinen Kautschuk mit Salpetersäure – alles ohne durchschlagenden Erfolg. Wiederholt lieh er sich Geld, das er nicht zurückzahlen konnte, er kam ins Gefängnis, und seine Familie nagte am Hungertuch. Doch im Winter 1839 gelang ihm durch einen Zufall der Durchbruch. Die gebräuchlichste Legende geht so: Eines Tages betritt Goodyear einen Gemischtwarenladen, um seine neueste Entwicklung, eine Mischung aus Kautschuk und Schwefel, zu präsentieren. Wild gestikulierend zeigt er sein Material herum, da löst sich die klebrige Masse aus seiner Hand, fliegt in weitem Bogen durch die Luft und landet auf dem glühend heißen Kanonenofen. Als Goodyear den Kautschuk vom Ofen kratzen wollte, stellte er mit Erstaunen fest, dass dieser hart wie Leder geworden war und all seine Klebrigkeit verloren hatte. Zugleich war das Material aber nach wie vor elastisch. Goodyear hatte per Zufall das Galvanisieren entdeckt und den wetterfesten Gummi erfunden.

Reich damit wurden andere. Goodyear selbst erwies sich als schlechter Geschäftsmann und konnte seine Erfindung nicht ausreichend schützen. Sein gewiefter Landsmann Hiram Hutchinson dagegen sicherte sich eine Lizenz, um mit Goodyears Rezeptur Gummischuhe herzustellen, und wanderte 1853 nach Frankreich aus. Dort gründete er »À l'Aigle«, eine Firma, die er nach dem Adler, dem Wappentier seines Heimatlandes, benannte, und begann mit der Herstellung von Gummistiefeln. Nur drei Jahre später landeten zwei weitere Amerikaner, Henry Lee Norris und Spencer Thomas Parmelee, in Schottland, wo sie die North British Rubber Company gründeten und ebenfalls alle möglichen Gummiwaren – darunter auch Stiefel – produzierten.

Im regenreichen Großbritannien wurden die Gummistiefel zum Verkaufsschlager. »Wellington boots« oder schlicht »wellies« nannte man sie hier, da sie in ihrer Form den Stiefeln des Duke of Wellington (1769–1852) nachempfunden waren. Der hatte ein paar Jahrzehnte zuvor seine damals für Reiter üblichen Hessenstiefel durch ein kürzeres und praktischeres Modell ersetzt. Als er dann in der Schlacht von Waterloo Napoleon besiegte, wurde er zum Nationalhelden und seine Stiefel zum modischen Must-have für den britischen Gentleman. Logisch also, dass auch der Gummistiefel diesem heldenhaften Modell nachempfunden sein musste.

Kurz nach dem Zweiten Weltkrieg präsentierte die North British Rubber Company schließlich jenes Modell, das noch heute als der »klassische« Gummistiefel angesehen wird: den »Original Green Wellington«. Das orthopädische Fußbett machte den Stiefel zum unverzichtbaren Accessoire für die britische Oberklasse, die es an den Wochenenden aufs Land zog. Noch heute werden jene, die es sich leisten können, auf ihren Landgütern Freizeitaktivitäten wie dem Reiten, der Fuchsjagd oder dem Tontaubenschießen nachzugehen, in Großbritannien spöttisch als die »green welly brigade« bezeichnet.

Zu dieser zählen selbstverständlich auch die Mitglieder des Königshauses. Und es stand lange außer Frage, dass die sich nur in einheimischen Modellen zeigten. Die Produkte der North British Rubber Company erhielten mit ihrer Marke Hunter von Königin Elizabeth 1986 gar den »royal warrant«, die Aufnahme in die Liste der Hoflieferanten. Die Königin selbst wurde wiederholt in Hunter-Stiefeln gesehen, Lady Di trug sie auf ihrem Verlobungsfoto.

Doch dann kam Kate Middleton, heute Gemahlin des Kronprinzensohnes William und Duchess of Cambridge. An Weihnachten 2011 besuchte sie gemeinsam mit ihrem Schwager Prinz Harry ein Charity-Fußballspiel. Es war feucht draußen, man war auf dem Land – was lag da näher, als Gummistiefel zu tragen? Doch Kate und Harry trugen nicht etwa Hunter-Stiefel (die zu einem volksnahen Preis von unter 100 Euro zu haben sind). Nein, beider Waden waren umschlossen vom Modell »Vierzonord« des französischen Herstellers Le Chameau – mehr als doppelt so teuer wie das einheimische Modell. Der Duke of Wellington, der einst die Franzosen besiegte, wird sich ächzend im Grabe umgedreht haben.

Wo tragen?

In Finanzmetropolen wie London und New York tragen Frauen auf dem Weg zur Arbeit an Regentagen »wellies«, um sich die feinen Strümpfe und Kitten Heels (die nehmen sie in der Handtasche mit) nicht zu versauen. Wer keinen Master of Business Administration hat (oder im Auto zur Arbeit fährt), trägt sie zum romantischen Spaziergang im Regen oder beim Besuch von Open-Air-Konzerten.

Wie tragen?

Grüne Gummistiefel wirken heute eher, als kämen sie aus dem Baumarkt. Wer modisch aussehen will, setzt auf ein knalliges Gelb oder Rot. Und bitte keine Blümchenmuster.

Und dazu?

Schmale Hosen, Shorts oder kurze Röcke. Und einen klassischen britischen Regenmantel.

N° 17

Hausmantel

Der Hausmantel ist ein privates Kleidungsstück. Man trägt ihn – das erklärt schon sein Name – zu Hause, nach dem Aufstehen, auf dem Sofa, zuweilen auch den ganzen Tag, aber das lässt man andere besser nicht wissen. In die Öffentlichkeit schafft es der Morgenmantel nur selten. Udo Jürgens trug ihn bei seinen Zugaben, es war ein Statement, ein »Seht her, ich bin eigentlich schon im Feierabend, aber für euch komme ich wieder, ganz privat«. Wobei es ganz so intim dann doch nicht war, trug er doch unter dem Frottee noch immer seine Kleider.

Auch Hugh Hefner trägt den Hausmantel als Überwurf, locker zum Seidenpyjama. Und auch Hefner will uns damit etwas sagen, nämlich dass er es nicht (mehr) nötig hat, sich in einen unbequemen Anzug zu zwängen. Stattdessen macht er es sich bequem, zumal er sich ja ohnehin meist in seiner »mansion« befindet – und für diesen

Anlass auch historisch gesehen durchaus angemessen gekleidet ist. Das, was Hefner da trägt, ist nämlich kein banaler Bademantel, sondern ein »smoking jacket«, im 19. und frühen 20. Jahrhundert unter britischen und amerikanischen Gentlemen weit verbreitet. Man trug es nicht nur im Raucherzimmer, sondern überhaupt im Haus, auch dann, wenn man im informellen Rahmen Gäste empfing.

Der Hausmantel war damals ein ausnahmslos elitäres Kleidungsstück, eines, das man nur tragen konnte, wenn man es sich gesellschaftlich und finanziell leisten durfte, einen großen Teil des Tages im eigenen Haus zu verbringen. Die ersten Mäntel und Jacken dieser Art kamen im 16. Jahrhundert nach Europa, importiert aus den Kolonien. Über ihre Ostindien-Kompanie brachten die Niederländer Kimonos in die alte Heimat, die Engländer kreierten, basierend auf einem indischen Kurzmantel, den »banyan«. Dieser war, anders als das asiatische Vorbild, meist gefüttert und bisweilen gar mit Pelzbesatz ausgestattet – angesichts des harschen europäischen Winters und der fehlenden Zentralheizung diente der Hausmantel nämlich nicht nur der Bequemlichkeit, sondern auch dazu, den Träger warm zu halten.

Besonders beliebt war der Banyan bei den großen Denkern des 18. Jahrhunderts. Wer den lieben langen Tag nichts anderes tat als zu sinnieren, der wollte dies auch mit der entsprechenden Kleidung unterstreichen. Über Hemd und Kniehose warf man also den Banyan, dazu setzte man sich oft – statt der damals für gut betuchte Herren in der Öffentlichkeit obligatorischen Perücke – eine weiche, turbanartige Kappe auf. Der französische Dichter Denis Diderot und der Aufklärer John Locke ließen sich ebenso in diesem Outfit porträtieren wie der Physiker Isaac Newton und Benjamin Rush, einer der Gründerväter der Vereinigten Staaten. Dieser lieferte als Arzt in einer seiner Vorlesungen gleich auch noch die medizinische Legitimation dazu: »Lockere Kleidung trägt zur leichten und kraftvollen Anwendung der geistigen Fähigkeiten bei. Diese Bemerkung ist so offensichtlich und so allgemein bekannt, dass gelehrte Männer immer in Hausmänteln porträtiert werden.« Fast schon rechtfertigend fuhr er fort, dass auf diesen Gemälden oft auch lose Kragen, Strümpfe und Schuhe zu sehen seien und dass die freie geistige Aktivität eben dazu führe, dass Gelehrte – wenn sie sich denn einmal aus dem Haus bequemen – oft als nachlässig gekleidet wahrgenommen würden.

Der Hausmantel war also schon lange vor Hugh Hefner ein Kleidungsstück der Exzentriker und Nonkonformisten, so auch von Jean-Jacques Rousseau (1712–1778). Der Genfer Gelehrte war ebenso wie seine Zeitgenossen fasziniert von den Kleidern Asiens und des Orients, doch er, der seiner sozialpolitischen Ideen wegen verfolgt wurde und sich noch viel mehr selbst verfolgt fühlte, begnügte sich nicht mit einem einfachen Banyan. Stattdessen schaffte er sich gleich eine komplette armenische Garderobe mit Fellmütze und Mantel an, die er ab 1762 ständig trug, ob nun im Haus oder in der Öffentlichkeit. Rousseau provozierte durch seine Ansichten und Taten ebenso wie durch seine Kleidung, doch diese soll für ihn auch einen praktischen Nutzen gehabt haben: Er litt unter Harnröhrenproblemen und musste sich deswegen immer wieder Sonden einführen. Der bequeme, weite Kaftan ließ seinem geschundenen Unterleib den nötigen Raum.

Es ist nicht bekannt, ob Hugh Hefner weiß, wer Jean-Jacques Rousseau war, oder ob er sich mit der elitären Geschichte des Hausmantels beschäftigt hat, bevor er dazu überging, ihn als nonkonformistisches Statement zur Schau zu tragen. Einem Mann, der ein weltumspannendes Medienunternehmen aufgebaut hat, wäre dies zumindest zuzutrauen. All jenen, die weder Hugh Hefner noch irgendein anderer schwerreicher Exzentriker sind, sei an dieser Stelle allerdings entschieden vom öffentlichen Tragen eines Hausmantels abgeraten. Denn Normalsterbliche im Morgenmantel werden gemeinhin als unterbeschäftigt und ungepflegt wahrgenommen – ein Phänomen, mit welchem ja offenbar sogar schon die Wissenschaftler des 18. Jahrhunderts zu kämpfen hatten.

Wo tragen?

Frotteemäntel gehören eindeutig nicht ins Freie und sind auch kein geeigneter Aufzug, um im 21. Jahrhundert Gäste zu empfangen.

Wie tragen?

Haus- und Bademäntel haben nicht grundlos einen Gürtel. Das Kleidungsstück wird eng um den Körper gewickelt und mit dem Gürtel festgebunden. Weder oben noch unten sollte Intimes offenbart werden – außer, man befindet sich auf einer eindeutigen Mission sexueller Natur.

Und dazu?

Wer gerne in Luxushotels mit Wellnessbereich unterwegs ist, tut gut daran, auf dem Weg zur Sauna Badekleidung unter dem Frotteemantel zu tragen. Ein voll verspiegelter Hotellift kann einen nämlich ganz unbeabsichtigt bloßstellen, bevor man sich überhaupt des Bademantels entledigt hat.

… N° 18

Hotpants

Die Sternstunde der Hotpants schlug im Jahr 2000. Es war zugleich auch die Sternstunde von Kylie Minogue, damals 32 Jahre alt und seit einigen Jahren nicht mehr so erfolgreich mit ihrer Seifenblasen-Popmusik. Dies änderte sich schlagartig, als sie sich zum Video ihrer neuen Single *Spinning Around* auf einem Bartresen räkelte – in winzigen goldenen Hotpants. Nie zuvor und nie danach hat eine einzelne Hotpants so viel Aufsehen erregt – obwohl sie von Beginn an für Skandale und Skandälchen gut waren.

Bereits in den späten 40er- und frühen 50er-Jahren sah man Damen in knappen Höschen. Es handelte sich um Schauspielerinnen oder Tänzerinnen. Die durften einiges mehr zeigen und wagen als die gewöhnliche Frau, die in jener Zeit in so manche Hotels und Restaurants nicht einmal in langen Hosen eingelassen wurde. Diese »short shorts« waren nicht für die Massen gedacht.

Dies änderte sich zu Beginn der 70er-Jahre. In den 60ern war der Rocksaum kontinuierlich nach oben gerutscht, der Minirock war fast überall salonfähig geworden. Doch bei den Modezeitschriften war man des Minis inzwischen offenbar überdrüssig geworden. Im Jahr 1970 jedenfalls wurde allenthalben die Rückkehr der Midilänge propagiert. Der Rocksaum sollte wieder züchtig unters Knie rutschen, die Dame sich ladylike und unterwürfig geben.

Doch die Sittenwächter und Modeapostel hatten ihre Rechnung ohne die Frauen gemacht. Die nämlich reagierten auf das Fashiondiktat mit kurzen Höschen. Was auf den Straßen der europäischen Metropolen begonnen hatte, wurde nun eilends von Designern wie Valentino und Mary Quant aufgegriffen. Es gab Hotpants aus Samt, bestickte Hotpants, Leder-Hotpants, ja sogar Pelz-Hotpants.

Dies nicht ganz ohne Grund, denn der Trend kam zu einem denkbar schlechten Zeitpunkt für kurze Höschen ins Rollen: Es war der Herbst 1970, als Valentino seine Hotpants vorführte, die zu jenem Zeitpunkt einfach als »short shorts« präsentiert wurden. So sah man der Temperaturen wegen auch nirgends Hotpants »netto«, sondern immer in Kombination mit Strümpfen oder gar zusätzlich bedeckt von einem langen, bis oben hin aufgeknöpften Rock.

Ihren zweifelhaften Sex-Appeal im Namen bekamen die Höschen erst, als die *Women's Wear Daily* – damals die Modebibel der Vereinigten Staaten – im Winter 1970 entschied, dass es an der Zeit sei, den Midirock endgültig zu vergessen und nun auf den europäischen Hype mit den Shorts zu setzen. »Nennen wir sie doch einfach Hotpants«, soll der Chefredaktor John Fairchild ausgerufen haben.

Diese offensichtlich sexuelle Konnotation im Namen brachte den ultrakurzen Shorts aber nicht nur Ruhm ein. Zwar waren sie im Winter 1970/71 tatsächlich überall, und das Magazin *Life* widmete ihnen gleich zwei Bildstrecken – doch der Trend verschwand genauso schnell, wie er aufgetaucht war. Bereits Ende 1971 trauerte man im Jahresrückblick der gleichen Zeitschrift den nun aus dem Straßenbild verschwundenen sexy Höschen hinterher.

Dies hatte wohl auch damit zu tun, dass immer mehr Frauen sich nicht einfach nur als Sexobjekt verstanden wissen wollten. Schon bald waren die Höschen nur noch an Tänzerinnen zu sehen – und an Damen aus dem horizontalen Gewerbe. Mit Jodie Foster in *Taxi Driver* (1976) war das Schicksal der Hotpants endgültig besiegelt; was eine 13-jährige Prosituierte trägt, das kann für ein anständiges Mädchen nicht angehen.

Einen besonders harten Kampf mussten die Flugbegleiterinnen der texanischen Southwest Airlines ausfechten. Dort hatte man die Hotpants 1971 zur Uniform erhoben – sehr zum Vergnügen der männlichen Fluggäste. Die ausschließlich weiblichen Angestellten, die zu den orangeroten Höschen weiße, kniehohe Stiefel trugen und Gratiscocktails namens »Love Potion« servierten, waren ob der vielen Belästigungen allerdings schon bald gar nicht mehr vergnügt. Ihren Wunsch nach züchtiger Kleidung konnten sie erst in den 80er-Jahren durchsetzen: Die Geschäftsleitung erlaubte nun für den Winter lange Hosen und im Sommer einen Rock. Unter diesem mussten die Flugbegleiterinnen aber weiterhin ihre Hotpants tragen – für den Fall, dass ihnen warm würde.

Erst im Laufe der 90er-Jahre wurden die heißen Höschen wieder salonfähig. Inzwischen sind sie im Hochsommer von den Straßen nicht mehr wegzudenken. Heute sind Hotpants oft so kurz, dass der Stoff der eingenähten Hosentaschen unter dem Hosensaum hervorschaut, und so manche Schulleitung hat sich bereits gezwungen gesehen, eine Mindestlänge für Shorts zu erlassen.

An dieser wären bestimmt auch Kylie Minogues Höschen kläglich gescheitert. Die waren übrigens, so wurde Jahre später bekannt, ein Originalmodell aus den 70er-Jahren. Als die Goldhöschen 2007 in einer Ausstellung in London zu sehen waren, wurden sie von der Vorbesitzerin, einer ehemaligen Tänzerin, zweifelsfrei identifiziert. Sie hatte sie sich als junge Frau für 15 britische Pfund maßschneidern lassen. Sie habe, so erzählte sie in einem Interview, die Hotpants einige Jahre zuvor im Secondhandladen einer Wohltätigkeitsorganisation abgegeben.

Tatsächlich bestätigte Kylie Minogues Management die Geschichte: Ein Assistent der Sängerin hatte die goldenen Höschen für 50 Pence in einem Geschäft ebendieser Wohltätigkeitsorganisation erstanden. Wie gut zu wissen, dass Superstars nicht nur mit dem Stoff, sondern auch mit ihren Ausgaben sparsam umgehen können.

Wo tragen?

Aus Gründen der persönlichen Sicherheit ist auf das Tragen von Hotpants überall dort zu verzichten, wo der exponierte Allerwerteste direkten Kontakt zu öffentlich beschmutzten Einrichtungen wie Bussitzen, Parkbänken oder Restaurantstühlen aufnehmen könnte. Neben des Hygienealarms riskiert man auch Abdrücke und Striemen auf Hintern und Oberschenkeln – und die sehen, ist man einmal aufgestanden, gar nicht vorteilhaft aus.

Wie tragen?

Sobald Hotpants aussehen wie ein Schlüpfer (auch, wenn es eher ein Omaschlüpfer ist), lassen Sie besser die Finger davon.

Und dazu?

Wenn es unten knapp sitzt, sollte es oben züchtig bleiben (Busen oder Beine, Sie wissen schon …).

N° 19

It-Bag

Manche Wörter dienen ausschließlich dem Schönreden. So auch jene aus dem Englischen entlehnten Begriffe, die überteuerte Modeartikel an ultradünnen Popsternchen und Hotelerbinnen mit übergroßen Sonnenbrillen beschreiben. »Must-have«, »Fashion-Hype« – und eben: »It-Bag«. Der meist nicht ebenso gut betuchten Leserinnenschaft von Frauenmagazinen wird ein Ding präsentiert, das »alle« nun »unbedingt« haben müssen, weil es am Arm von XY baumelt. Außerdem gibt es nur wenige davon, weil es ja ein Designerstück ist – was auch immer das bedeuten mag (oft bedeutet es, dass eine Firma mit klingendem Namen, die zu einem namenlosen internationalen Großkonzern gehört, für wenig Geld etwas herstellen lässt und es dann mittels millionenschweren Werbebudgets teuer verkauft).

Die künstlich hergestellte Knappheit führt dann – trotz oder gerade wegen des astronomischen Preises – meist zu dem, was der Hersteller mit dem ganzen Tamtam bezwecken wollte: der Warteliste. Nur eine Tasche, die man sich nicht einfach im Vorbeigehen in der nächsten Luxusboutique kaufen kann, taugt zu einer echten It-Bag. Und diese wird dann herumgetragen wie eine Trophäe, als ein Objekt, das nicht mehr seinem ursprünglichen Zweck dient (dem Verstauen der alltäglichen Habseligkeiten), sondern als Statussymbol präsentiert wird.

Auch wenn einige dieser It-Bags – zum Beispiel die Beuteltasche von Gucci, die gesteppte Chanel-Tasche und auch die Vorzeigemodelle von Hermès – schon lange zuvor auf dem Markt waren, ist das Phänomen der begehrten und teuren Statushandtasche keine zwanzig Jahre alt. Ein genaues Geburtsdatum gibt es nicht, und auch die exakte Ursache lässt sich nicht einwandfrei feststellen. Es war wohl eine Kombination mehrerer Faktoren. Zum einen waren da die markenschwangeren späten 90er-Jahre, in denen alles mit einem klingenden Namen und einem auffälligen Label begehrenswert erschien. Dazu kamen die aufstrebenden Märkte Russlands, Asiens und des arabischen Raums, in denen das Herzeigen von möglichst viel Bling nicht ebenso peinlich behaftet ist wie hier in Europa.

In diese luxus- und labelfreundliche Grundstimmung platzte nun eine Fernsehserie, wie sie sich die Modeindustrie nur in ihren kühnsten Träumen ausgemalt hatte: *Sex and the City*. Eine Szene darin gilt, wenn schon nicht als Geburtsstunde der It-Bag, dann zumindest als einer ihrer größten Geburtshelfer: Carrie wird überfallen, der Ganove verlangt ihre Handtasche (eine kleine Fendi-Tasche mit auffälligem F, der angeblichen Ähnlichkeit mit dem Pariser Brot wegen wird das Modell »Baguette« genannt). Worauf sie entgegnet: »Es ist eine Baguette!«. Im Englischen klingt das ungleich schöner; er sagt: »Gimme your bag!« Sie sagt: »It's a bag-uette!«

Die nur wenige Jahre zuvor (1997) auf den Markt gekommene Tasche wurde innerhalb von Wochen zum Verkaufsrenner – und sie ist noch heute unter Handtaschenfetischistinnen ein beliebtes Stück und eine sichere Wertanlage. In über 2000 (!) verschiedenen Ausführungen ist die Baguette seither erschienen, Künstler wie Jeff Koons und Damien Hirst haben Sondermodelle entworfen, ja es gibt sogar ein Buch über sie.

Im Fahrwasser der Hysterie um die Fendi-Tasche priesen die Modehäuser in den folgenden Jahren immer neue Modelle zu immer höheren Preisen an. Und ältere Modelle, zu denen es eine gute Geschichte gab, wurden mindestens ebenso begehrt. Karl Lagerfeld legte für Chanel 2005 die klassische gesteppte Ledertasche 2.55 aus dem Jahr 1955 neu auf, bei Louis Vuitton machte Marc Jacobs die etwas altbackenen Beutel mit dem braunen Monogramm durch diverse Sondereditionen zum Hingucker.

Doch all diese Taschen, die neuen wie die alten, verblassen gegenüber der »Birkin«. Das nach der britischen Schauspielerin Jane Birkin benannte Stück von Hermès ist die Handtasche schlechthin. Und das ganz ohne Logos und Bling. Die Birkin ist (vom Preis einmal abgesehen) auf den ersten Blick eine Art Antithese zur It-Bag, ist sie doch in ihrer klassischen Ausführung vor allem schlicht und unaufgeregt. Im Grunde handelt es sich aber um eine Super-It-Bag, denn aufgrund der fehlenden Labels ist nur für Eingeweihte und anhand der Form erkennbar, dass hier jemand den Gegenwert eines Kleinwagens mit sich herumträgt.

Jane Birkin selbst wollte übrigens nie eine Luxushandtasche. Die Idee entstand, als sie auf einem Flug zufällig mit einem zerbeulten Korb neben dem Chef von Hermès saß und der ihr anbot, eine bessere Tasche für sie zu entwerfen. Heute trägt sie nach eigenen Angaben ihre fünfte Birkin seit der Einführung im Jahr 1984, das Vorgängermodell versteigert sie jeweils für einen guten Zweck.

Dafür, dass ihre Tasche jeweils direkt nach der »Inbetriebnahme« nicht zu edel aussieht, sorgt Birkin höchstpersönlich: 2008 stampfte sie in einer japanischen Fernsehsendung auf dem teuren Ding herum, um zu demonstrieren, wie man aus der »langweiligen« Tasche ein Einzelstück mache. Und anlässlich einer Versteigerung ihrer alten Tasche sagte sie in einem Interview: »Eine Tasche macht keinen Spaß, wenn sie nicht herumgeschubst wurde, damit sie so aussieht, als hätte die Katze darauf gesessen. Und meistens hat die Katze tatsächlich darauf gesessen. Sie könnte sogar in der Tasche stecken!«

Wo tragen?

It-Bags gehen immer und nie.

Wie tragen?

Mit der nötigen Nonchalance.

Und dazu?

Etwas anderes als Kim Kardashian.

N° 20

Jeans

Es ist wohl eine der größten Lügen der Modegeschichte: Die Mär von der perfekten Jeans. Unzählige Frauen (und Männer) suchen seit Jahren, ja sogar Jahrzehnten nach ihr, klappern ein Geschäft nach dem anderen ab und steigen in Dutzende von indigoblauen Röhren, um dann doch nur enttäuscht von dannen zu ziehen oder frustriert etwas zu kaufen, das zwar passabel, aber Welten entfernt von perfekt ist.

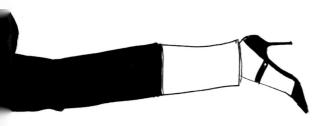

Doch alle diese Menschen sind an und für sich nichts als Opfer eines großen Missverständnisses. Denn Jeans waren von Anfang an nicht dafür gemacht, perfekt zu sitzen. Sie wurden erst durchs Tragen perfekt, passten sich dem Körper an. Im Grunde hat sich daran bis heute nichts geändert.

In den frühen 1870er-Jahren hatte der aus Lettland in die USA ausgewanderte Schneider Jacob Davis eine grandiose Idee: Weil die Minenarbeiter, die in seinem Atelier in Reno, Nevada ihre Hosen kauften, immer wieder klagten, dass die Taschen so schnell reißen, verstärkte er sie mit Kupfernieten. Er witterte das große Geschäft, doch fehlten ihm die 68 Dollar, um seine Idee patentieren zu lassen. Also wendete er sich an den Mann, der ihm das Tuch für seine Hosen verkaufte, einen gewissen Levi Strauss in San Francisco.

Der war zwei Jahrzehnte zuvor aus Bayern in die USA ausgewandert und betrieb an der Westküste einen Kurzwarenhandel. Strauss war sofort klar, dass sich mit Davis' Idee Geld verdienen ließ. Die beiden taten sich zusammen, und Jacob Davis erhielt am 20. Mai 1873 ein Patent mit der Nummer 139.121, welches eine »Verbesserung im Befestigen von Hosentaschen-Öffnungen« schützte. Es war die Geburtsstunde der Jeans.

Wobei die zu Beginn nicht besonders viel mit dem zu tun hatte, was wir uns heute unter einer Jeans vorstellen. Die ersten Hosen, die Strauss unter Anwendung von Davis' Patent produzierte, hießen offiziell »waist overalls« und waren aus braunem Segeltuch. Sie hatten keine Gürtelschlaufen, weil sie noch von Hosenträgern gehalten wurden, und nur eine Gesäßtasche. Erst später fertigte Levi Strauss

Modelle aus einem sehr fest gewobenem Baumwollstoff. Von diesem stammen sowohl die heutige Bezeichnung für das Kleidungsstück als auch der Name des Stoffs, aus dem es gefertigt wird: Das Wort »Jeans« ist nämlich eine Verballhornung des französischen »gênes«, also der Stadt Genua. Matrosen aus jener Gegend sollen bereits vor den Amerikanern ähnliche Baumwollhosen getragen haben. Und »Denim«, das dunkelblaue Material, aus dem die Jeans gemacht sind, geht auf die »serge de nîmes« zurück, einen besonders widerstandsfähigen Baumwollstoff, der ursprünglich in der französischen Stadt Nîmes gewebt wurde.

Levi Strauss machte mit Davis' Patent ein Vermögen. Da er selbst keine Kinder hatte, vermachte er das Unternehmen an seine Neffen. Über das Leben von Strauss, der 1902 starb, ist nur wenig bekannt, genauso wie über die Anfangsjahre der Jeans. Grund dafür ist ein Brand im Jahr 1906, der die Fabrik und fast alle Firmenunterlagen zerstörte. Daher weiß man auch nicht, wieso das legendäre Modell 501 diese Nummer trägt.

In der ersten Hälfte des 20. Jahrhunderts war die Jeans reine Arbeitsbekleidung. Sie musste nicht richtig sitzen oder gut aussehen, sondern einfach nur möglichst lange halten. Man kaufte sie viel zu groß, denn die Hose lief beim Waschen ordentlich ein. Mit den Jahren hatten die Arbeiter den Kniff raus, sich mit der Hose in die Wanne zu legen, sodass sie sich dem Körper anpasste.

Es war ein Konkurrent von Levi Strauss, die Firma Blue Bell mit ihrer Marke Wrangler, die 1947 erstmals eine Hose mithilfe eines feuchten Hitzeverfahrens herstellte. Diese sogenannte »pre-shrunk«

(vorgeschrumpfte) Jeans sollte beim Waschen durch den Kunden höchstens noch drei statt der üblichen zehn Prozent einlaufen.

In jener Zeit, kurz nach dem Zweiten Weltkrieg, begann die Jeans ihren globalen Siegeszug. Amerikanische Soldaten, die während des Krieges als Maschinisten die blauen Hosen getragen hatten, zeigten sich nach der Heimkehr gerne in Jeans und galten schon bald als coole Rebellen. Restbestände der Armee wurden auch in Europa verkauft, und Marlon Brando und James Dean setzten in den frühen 50er-Jahren dem »bad boy in blue jeans« ein filmisches Denkmal.

Wo eine Jeans war, da war in den folgenden Jahrzehnten die Rebellion nicht weit. Die Hippies trugen sie ebenso wie die Punks, und der grüne Politiker Joschka Fischer ließ sich als hessischer Umweltminister in Jeans und Turnschuhen vereidigen.

Heute ist die Jeans aus unserer Garderobe nicht mehr wegzudenken, und es hat – zumindest in der westlichen Welt – fast jede und jeder mindestens eine im Schrank. Nur dass die oft einfach nicht so richtig sitzen will. Doch Geduld, das kommt schon. Eine gute Jeans wird nämlich erst mit den Jahren perfekt. Vorausgesetzt natürlich, sie wird hin und wieder gewaschen. Dass manche sie stattdessen ins Kühlfach legen, ist nämlich gleich aus mehreren Gründen bescheuert. Erstens bekommt die Hose dadurch einen Hängearsch, zweitens wird sie sich ohne Waschen nie butterweich an den Körper schmiegen. Und drittens gibt es da eine olfaktorische Komponente, auf die wir an dieser Stelle lieber nicht näher eingehen wollen.

Wo tragen?

Es ist heute nur noch an sehr wenigen Orten untersagt, in Jeans zu erscheinen. Die Darstellung von übertriebener Lässigkeit kann aber nach hinten losgehen – man denke nur an George W. Bush und Tony Blair, die bei einem inszenierten »Freizeitspaziergang« in Jeans Volksnähe demonstrieren wollten und stattdessen ziemlich albern aussahen.

Wie tragen?

Finger weg von Jeans, die übertrieben behandelt worden sind! Sandstrahlen und chemische Bearbeitung schaden nicht nur der Umwelt, sondern auch den Menschen, die diese Hosen anfertigen.

Und dazu?

Jeanshemd zu Jeans geht nur bei stilsicheren Menschen. Und nie im gleichen Blauton.

N° 21

Jogginghose

Die Jogginghose hat einen Intimfeind, einen ganz großen. Karl Lagerfeld heißt der, ist Modedesigner-Urgestein mit weiß bepudertem Pferdeschwanz und verantwortlich für alles, was unter dem Namen Chanel verkauft wird. Im Frühjahr 2012 saß er in einer deutschen Talkshow und sagte: »Wer eine Jogginghose trägt, hat die Kontrolle über sein Leben verloren.« Es war nicht seine erste Attacke gegen das bequeme Beinkleid. Bereits vier Jahre zuvor hatte er sich im Interview mit einer Frauenzeitschrift negativ über Jogginghosen geäußert. Die seien gefährlich, »weil sie einen Gummizug haben«. Der gebe nach, und man merke nicht, dass man zugenommen habe.

Nun könnte man einwenden, Karl Lagerfeld verstehe ja gar nichts von der Materie. Schließlich gibt er im gleichen Interview unumwunden zu, dass er keinen Sport treibe, gehört also offensichtlich nicht zur angestrebten Käuferschaft von Jogginghosen.

Doch so einfach ist es leider nicht. Die Jogginghose ist dem Sport längst entwachsen und zumindest zum Teil das liebste Kleidungsstück derer geworden, die – Lagerfeld hat das gut beobachtet – nicht merken wollen, wie der Bauch wächst. Der Nicht-Sport-Treiber also, der Couch-Potatoes, Faulenzer und Sich-Gehen-Lasser.

Früher war das anders. Eine der ersten Jogginghosen war von der französischen Marke Le Coq Sportif. Die brachte 1939 den nach eigenen Angaben weltweit ersten Sportanzug auf den Markt und nannte ihn »costume du dimanche«, den Sonntagsanzug. Das war keineswegs ironisch gemeint. Der Sonntag war nämlich der Tag, an dem man Zeit hatte, Sport zu treiben.

Sportkleidung gab es natürlich schon vor der Jogginghose, doch hatte die nur wenig zu tun mit den dehnbaren und Schweiß absorbierenden Synthetikteilchen, die wir uns heute überstreifen. Der Breitensport ist ein relativ junges Phänomen. Erst gegen Ende des 19. Jahrhunderts wurde es chic, sich zum Spaß körperlich zu betätigen. Die dazu geeignete Kleidung etablierte sich nur langsam. Teils lag dies an den strengen Kleiderkonventionen: Bis in die 20er-Jahre trugen Frauen über ihren knielangen Sporthosen einen langen Rock, Strümpfe bedeckten die Beine. Zudem waren synthetische Materialien noch nicht erfunden, und Sportbekleidung war meist genauso schwer und unpraktisch wie alles andere.

Die Jogginghose war wohl eines der ersten Kleidungsstücke, das ausschließlich für die sportliche Betätigung entwickelt worden war. Sie war aus Jersey oder Velours und wurde zusammen mit einer Jacke aus dem gleichen Material von Leistungssportlern getragen, die vor der eigentlichen Aktivität ihren aufgewärmten Körper nicht abkühlen lassen wollen. Um ihre »Erfindung« ranken sich einige Legenden, doch keine ist ausreichend belegt. Das britische Leichtathletik-Team soll angeblich schon in den 20er-Jahren solche Veloursanzüge getragen haben.

Richtig beliebt wurde die Jogginghose allerdings erst in den 60er-Jahren, als der Breitensport in Fahrt kam. Zugleich zeigten sich aber ihre Nachteile: Die klassische Jogginghose aus Baumwolljersey ist nämlich nur bedingt zum Sport geeignet – sie wurde, siehe oben, ja zum Warmhalten und Aufwärmen entwickelt. Sie ist schwer, warm und wenig atmungsaktiv – und schwitzt man in ihr oder wird sie vom Regen nass, dann wird sie noch viel schwerer. Für ernsthaft schweißtreibende Sportarten wurden daher schon bald Hosen und Oberteile aus den neuen Synthetikfasern verkauft.

Trotzdem gab es auch weiterhin Menschen – wir sind inzwischen in den 80ern angekommen – die auf dem Weg zum Sport ihre Jogginghosen überstreiften, denn die hielten ja warm und waren außerdem ein unmissverständliches Zeichen dafür, dass man sich körperlich betätigte.

Und dann ging auf einmal etwas schief. Plötzlich trugen nicht mehr nur diejenigen Jogginghosen, die darin zum Sport gingen, sondern auch diejenigen, die sich in ihrer Freizeit überhaupt nicht regen wollten. Die Jogginghose wurde zum Symbol des Nichtstuns, zum Kleidungsstück der Unterklasse. Dort wurde sie vom Hip-Hop aufgegriffen, der Musik, die von ganz unten kam. Rapper in Jogginghosen demonstrierten öffentlich, dass sie sich nicht um die Kleiderkonventionen der bürgerlichen Masse scherten.

Wer sich um die Jahrtausendwende in Jogginghose auf die Straße traute, der musste arbeitslos sein, potenziell gewalttätig und sozial benachteiligt. Geschmacksverirrte Hersteller aus den Vereinigten Staaten machten dieses White-Trash-Image zu Geld, indem sie für astronomische Beträge plüschig-pinke Jogginghosen mit dicken Logos verkauften, damit sich Möchtegernsängerinnen so geben konnten, als kämen sie von »ganz unten«.

Doch dann drehte der Wind. Nicht für die Modelle mit den Knöpfen seitlich am Unterschenkel und den drei Streifen auf der Seite. Nicht für die speckig glänzenden Jogginghosen und nicht für irgendetwas aus Nickistoff. Aber die klassische Jogginghose, die aus Jersey und mit dem Bündchen unten am Bein, die darf man heute auch dann wieder tragen, wenn man nicht gerade auf dem Weg zum Sport ist.

Dieser Meinung ist inzwischen, nur wenige Jahre nach seinem vernichtenden Urteil, offenbar auch Karl Lagerfeld. Als er im März 2014 die Herbst-/Winter-Kollektion von Chanel präsentierte, staunte die Modewelt nicht schlecht, denn die Models trugen – Jogginghosen. In Pink. Mit Löchern. Und nicht nur das, sie bewegten sich in diesen auch noch durch einen eigens für diese Show kreierten Supermarkt. Jogginghosen im Supermarkt! Bei Chanel! Hat da etwa einer die Kontrolle verloren?

Wo tragen?

Modisch kombiniert und aus dem richtigen Material darf die Jogginghose auf jeden Fall auf die Straße und je nach Beruf sogar ins Büro.

Wie tragen?

Alle Modelle von Sportartikelherstellern, die mit großen Markenlogos aufwarten, gehören allerhöchstens in den Boxclub oder ins Fitnessstudio. Straßentaugliche Jogginghosen gibt es in Modeboutiquen. Je edler der Stoff und die Ausführung, desto deutlicher wird die Hose als modisches Statement wahrgenommen.

Und dazu?

Der Stilbruch ist Pflicht. Elegantes Jackett bei Männern, hohe Absätze bei Frauen.

N° 22

Kamelhaarmantel

Heute ist vom Kamel oft nur noch die Farbe übrig. Die meisten Kamelhaarmäntel (die in Neudeutsch gerne als »Camel-Mäntel« bezeichnet werden) sind aus Wolle, Kaschmir oder gar Synthetik. Ursprünglich waren sie tatsächlich aus dem Fell des Höckertiers, genauer aus dem weichen Unterhaar des zweihöckrigen Baktrischen Kamels, in der deutschen Sprache auch als »Trampeltier« bekannt.

Das Trampeltier lebt in Asien, und dort tauchten entsprechend die ersten Mäntel auf, die entfernt an einen heutigen Kamelhaarmantel erinnern. Die Polospieler in Indien trugen im 19. Jahrhundert zwischen den Zeitabschnitten eines Spiels, den Chukkas, lange Mäntel aus Kamelhaar, um nicht zu sehr abzukühlen (im Englischen wurde der Mantel daher lange Zeit alternativ als »wait coat«, also Wartemantel, bezeichnet). Als die britischen Kolonialherren das Spiel auf ihre Insel importierten, importierten sie die Mäntel gleich mit – im kühl-regnerischen England waren die bestimmt ungleich nötiger.

»Polo coats« wurden die sandfarbenen Mäntel aufgrund ihrer Nähe zum Sport genannt, und am Anfang sahen sie eher aus wie Bademäntel – bodenlang, mit wulstigem Kragen und ohne Knopfleiste, dafür mit einem Gürtel als Verschluss. Doch bereits zu Beginn des 20. Jahrhunderts setzte sich eine straßentaugliche Variante mit doppelreihigem Knopfverschluss durch, die nicht nur in Großbritannien und auf dem Polofeld, sondern vor allem auch unter Studenten amerikanischer Eliteuniversitäten sehr beliebt war.

Um die Zeit des Zweiten Weltkriegs herum war der Kamelhaarmantel zum unverzichtbaren Bestandteil der eleganten Herrengarderobe geworden. Nach dem Krieg war er zudem an prominenten Frauen zu sehen – Marilyn Monroe trug ihn, Jackie Kennedy Onassis und Audrey Hepburn wurden darin fotografiert. Inzwischen war es üblich geworden, keine Mäntel aus reinem Kamelhaar mehr herzustellen, da dieses sehr empfindlich war, an den Kanten schnell abnutzte und aus der Form geriet. Deshalb gab es immer mehr Hersteller, die dem Kamelhaar Wolle oder Kaschmir beimischten – manche verwendeten gar nur noch diese Materialien.

Doch die neuen, wetter- und vor allem wasserfesten Synthetik-Materialien machten es dem klassischen Camel-Mantel schwer. Er drohte, völlig von der Bildfläche zu verschwinden, weil er einfach nicht so praktisch war wie moderne Wetterschutzjacken, die darüberhinaus viel besser wärmten. Dann aber gelang zu Beginn der 80er-Jahre einem italienischen Familienunternehmen ein Design-Coup. Max Mara hieß und heißt die Firma, damals und heute im Besitz der Familie Maramotti aus Reggio Emilia. Die Maramottis hatten die Marke – ein Fantasiegebilde mit Elementen des Familiennamens – so genannt, weil sie international klang, und internationaler Erfolg war das erklärte Ziel der Familie.

Der schlug im Jahr 1981 ein, als die Maramottis den Mantel mit der Modellnummer 101/801 auf den Markt brachten. Ein klassischer »camel coat« (nur ist er aus Wolle und Kaschmir), zweireihig geknöpft und sandfarben, mit breitem Revers und knapp übers Knie reichend. Was bis dahin eher ein Mantel für Herren gewesen war, wurde nun zum Liebhaberobjekt und Statussymbol für die gut betuchte Frau von Welt (denn günstig war und ist der 101/801 beileibe nicht). Über 140 000 Stück hat die Firma bis heute von ihrem Parademodell verkauft, und angesichts der Tatsache, dass solche Bestseller von jeder nur erdenklichen günstigen Modekette und auch so einigen teuren Designermarken tausendfach kopiert werden, muss es Millionen Frauen geben, die zu Hause im Schrank einen Kamelhaarmantel haben.

Es sieht fast ein wenig so, als hätten die Frauen den Männern diesen kuschelweichen Klassiker weggenommen. Doch keine Angst, er sieht auch über männlichen Schultern nach wie vor sehr kleidsam aus. Nur sollten Paare sich vielleicht an Wintertagen darauf einigen, wer von beiden im sandfarbenen Zweireiher durch die Straßen flaniert (und wer auf eine andere Farbe zurückgreift) – denn Pärchen im Camel-Partnerlook wirken nicht etwa elegant, sondern viel eher wie die schlechte Parodie eines Agentenfilms.

Wo tragen?

Draußen, bei Kälte. Und möglichst nicht bei strömendem Regen, das wäre doch arg schade um das schöne Stück.

Wie tragen?

Camel-Mäntel gibt es in allen Qualitäten und Preisklassen. Wer es sich leisten kann, setzt auf Kaschmir- oder Kamelhaar-Gemische. Eine gute Naturfaser sollte es aber auf jeden Fall sein, denn das künstliche Schimmern von Synthetik wirkt bei solchen Mänteln einfach nur billig.

Und dazu?

Schlichte, körpernahe Kleidung. Wenn die Temperaturen es zulassen, trägt man den Mantel lässig offen, um nicht auszusehen wie ein Mafioso, der unterm Zweireiher eine Waffe versteckt.

N° 23

Karomuster

Hach, Schottenkaro! Kaum ein anderer Stoff trägt derart viel Geschichte in sich. Man denkt an Dudelsäcke, moorige Highlands, Männer im Kilt … Mythen ranken sich um dieses Muster und Legenden, und wehe dem, der aus Versehen den Tartan eines anderen Clans trägt. Diese Karos, so hört man immer wieder, gehören nach uralter Tradition nur um die Hüften bestimmter Familien.

Alles Humbug. Oder gutes Marketing, je nachdem, wie man es betrachtet. Die Farben der Clans sind nämlich gerade einmal zwei Jahrhunderte alt. Und es war auch keine althergebrachte Tradition, durch ein bestimmtes Muster seine Stammeszugehörigkeit auszudrücken. Was stimmt, ist, dass das Webkaro ein uraltes Textil ist. Die ältesten erhaltenen Stofffetzen mit Tartan stammen jedoch nicht etwa aus Schottland, sondern aus China und aus dem Salzbergwerk im österreichischen Halstatt. Beide sind um die 3 000 Jahre alt.

Das früheste erhaltene Stück aus Schottland, bekannt als der »Falkirk Tartan«, wurde im 3. Jahrhundert v. Chr. gewebt. Es steckte als Pfropfen in einem Topf mit römischen Münzen, und es wird angenommen, dass sich die Einwohner der nordrömischen Provinzen bereits vor der Besatzung in solche Stoffe kleideten.

Erwähnungen des Tartan als bevorzugte Kleidung der Schotten gibt es dagegen erst seit dem 16. Jahrhundert. Vom Karo als Identifikationsmerkmal kann da noch keine Rede sein. Zwar berichten verschiedene Zeitzeugen in ihren Schriften davon, dass der Tartan je nach Gegend andere Farben hatte, dies ist aber eher auf die zur Verfügung stehenden Färbemittel zurückzuführen als auf Absicht.

Das änderte sich erst mit den Jakobitenaufständen. König George II. erließ nach dem zweiten Aufstand von 1745, in welchem Bonnie Prince Charlie und sein Gefolge versucht hatten, die Macht über Großbritannien an sich zu reißen, den »Dress Act«, der das Tragen von Tartan unter Strafe stellte. Davon ausgenommen waren allein die königstreuen Regimenter. Die »Black Watch« trug einen standardisierten Tartan in Dunkelgrün und Dunkelblau, um sich klar von den Farben der Gegner abzuheben.

Erst 1782, fast vierzig Jahre später, wurde der Dress Act wieder aufgehoben. Viele gälische Traditionen waren in den Jahrzehnten der Unterdrückung verloren gegangen, und in der schottischen Bevölkerung war das Bedürfnis nach heimatlichen Symbolen groß. Als dann auch noch König George IV. für das Jahr 1822 seinen Besuch in Schottland ankündigte, musste schnellstmöglich ein ordentliches Brauchtum auf die Beine gestellt werden.

So schmissen sich die Schotten in den Tartan. Woher genau die Idee kam, dass jeder Clan nun plötzlich seine eigenen Farben haben sollte, ist nicht dokumentiert. Es geschah wohl in Anlehnung an die Praxis der königstreuen Regimenter, die sich inzwischen multipliziert hatten und von denen jedes sein eigenes Muster trug.

Ab dem frühen 19. Jahrhundert konnte man seinen eigenen Clan-Tartan eintragen lassen. Dies geschah schlicht, indem man dem Register ein Stoffmuster inklusive Siegel und Unterschrift des Clanchefs zukommen ließ. Die Möglichkeit wurde eifrig genutzt, und so mancher Clan ließ gleich mehrere Farbmuster registrieren.

Doch damit nicht genug: Für persönliche Farben musste man nicht Clanchef sein – man brauchte nicht einmal einen Clan oder schottische Wurzeln. Jeder und jede konnte und kann seinen oder ihren »offiziellen« Tartan registrieren lassen. Königin Victoria designte den nach ihr benannten gleich selbst, als sie 1848 Balmoral Castle erwarb, ihr Mann Albert kleidete sich am liebsten im nach dem Schloss benannten »Balmoral«, der noch heute gerne von der Königsfamilie getragen wird.

Als Tartan registriert ist außerdem das bekannte beige-schwarz-rot-weiße Karomuster der Firma Burberry, und die Fluggesellschaft British Airways ließ sich 1997 von einem der letzten schottischen Handweber ein Tartan-Design für ihre Heckflossen kreieren. Das Muster mit dem gälischen Namen »Benyhone«, was so viel bedeutet wie »Berg der Vögel«, wurde auf einigen Flugzeugen von British Airways angebracht, um die ethnische Vielfalt der Fluglinie zu unterstreichen.

Inzwischen gibt es zwischen 7 000 und 15 000 registrierte Tartans. Die Schätzung ist deshalb so ungenau, weil es keine zentrale Registrationsstelle gibt und sämtliche Register von privaten Organisationen geführt werden. Eine Registrierung ist daher kein Copyright, im Grunde kann jeder jedes Muster tragen oder verwenden – außer es ist (wie zum Beispiel das Muster von Burberry) markenrechtlich geschützt. Königin Elisabeths II. persönlicher Tartan, der »royal stewart«, wird beispielsweise nicht nur von ihr selbst und ihr zugetanen Regimentern getragen – er war und ist auch ein zentrales Element in den Kollektionen der Modedesignerin und Punkikone Vivienne Westwood, die damit ganz bewusst provoziert.

Wie es der Tartan über den großen Teich und an die Oberkörper der »Lumberjacks«, der amerikanischen Holzfäller und Arbeiter, schaffte, ist nicht lückenlos belegt. Die Tatsache, dass viele Amerikaner schottische Vorfahren haben, und die Zugehörigkeit Kanadas zum Commonwealth haben dabei aber bestimmt eine Rolle gespielt. Und egal, ob auf einem Kilt in den schottischen Highlands oder hoch zu Ross in der Prärie – Karo ist immer noch die bevorzugte Wahl von Männern, die sich als echte Kerle geben wollen.

Wo tragen?

Karomuster gehören grundsätzlich in die Freizeitmode – außer natürlich, Sie sind männlich und tragen zum Opernball gern Kilt.

Wie tragen?

Wer mit seinem Tartan ein Statement setzen will, informiert sich vorher über den Designer und die Bedeutung des Musters. So hatte der Modeschöpfer Alexander McQueen seinen eigenen Tartan entworfen, den er in seinen Kollektionen einsetzte, um auf die historische Unterdrückung der Schotten aufmerksam zu machen.

Und dazu?

Weder Punkte noch Streifen.

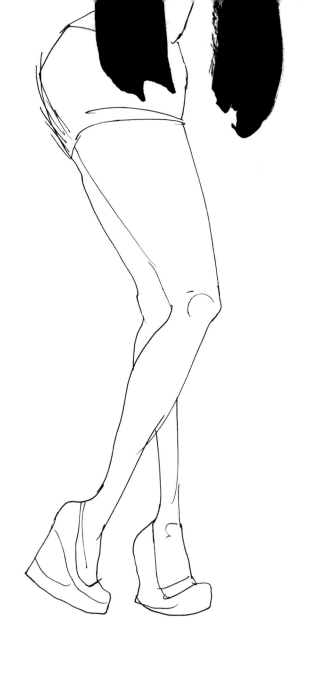

N° 24

Keilabsatz

Kaum ein Thema entzweite in den frühen 10er-Jahren unseres Jahrhunderts die Modejournaille so sehr wie der Wedge Sneaker. Der knöchelhohe Turnschuh mit dem versteckt eingebauten Absatz wurde von den einen in den Himmel gelobt und von den anderen verteufelt, was natürlich dazu führte, dass zuerst alle über ihn sprachen und ihn wenig später auch alle unbedingt haben wollten.

Erfunden hatte ihn die Französin Isabel Marant, die just um das Jahr 2010 herum im internationalen Designerhimmel angekommen war. Alles, was aus ihrem Atelier kam, war per se cool und modern, und entsprechend konnte sie sich in der Idee, einem Turnschuh einen Keilabsatz (im englischen heißt der »wedge heel«) einzubauen, nicht geirrt haben.

Sie habe, erklärte sie in Interviews, schon als Teenager Keile aus Kork in ihre Turnschuhe gesteckt, um ein wenig größer zu wirken.

Ein Bedürfnis, das offenbar Tausende von Frauen mit ihr teilten. Marants bunter Keilabsatz-Sneaker mit auffälligem Klettverschluss wurde zur heiß gehandelten Ware. Kaum war eine neue Variante auf dem Markt, war sie schon wieder ausverkauft, der Schwarzmarkt brummte. Die großen Modeketten überboten sich gegenseitig in der Herstellung billiger Kopien, und einige namhafte Designhäuser waren sich ebenfalls nicht zu schade, bei Marant abzukupfern.

Zeitgleich formierte sich bitterer Widerstand gegen diese Kombination aus sportlicher Bequemlichkeit und eleganter Beinlänge. Und die Abneigung beschränkte sich nicht auf den Sneaker-Wedge; viele Stiltanten und -onkel empfinden den Keilabsatz an sich als Zumutung für das Auge des ästhetisch geschulten Betrachters.

Der Endkundin scheint dies ziemlich egal zu sein. Sogar als 2013 eine Umfrage des amerikanischen Online-Portals CouponCodes4u (zugegebenermaßen nicht die seriöseste Quelle) zum Schluss kam, dass Männer keinen anderen Schuh derart unattraktiv finden wie einen mit Keilabsatz, führte das zu keinem dramatischen Einbruch der Verkaufszahlen.

Außerdem kann der Wedge doch gar nicht so hässlich sein. Erfunden hat ihn schließlich der Mann, den der *Tagesspiegel* in einem Porträt als den »begabtesten Schuhmacher aller Zeiten« bezeichnete: Salvatore Ferragamo (1898–1960).

Ferragamos Geschichte ist so unglaublich, dass sie wahr sein muss. Als Neunjähriger fertigte er für seine Schwestern Schuhe zur Kommunion, als Elfjähriger eröffnete er seinen ersten Laden, mit fünfzehn wanderte er in die Vereinigten Staaten aus und machte dort schon wenig später Schuhe für Hollywoodstars – ein echtes Wunderkind des Schuhmacher-Handwerks.

Die USA waren damals, in den 20er-Jahren, der größte Schuhproduzent der Welt. Doch Ferragamo war nicht begeistert von den maschinellen Fertigungsprozessen der Amerikaner. Er träumte zwar von Massenware, nur musste diese seiner Meinung nach handgemacht sein. 1927 schloss er daher sein Studio in Hollywood und ging zurück nach Italien, wo die Löhne niedriger waren und wo es viele gut ausgebildete Schuhmacher gab, die nun für ihn Handgemachtes in Serie herstellten.

Gleich seine erste in Italien gefertigte Kollektion konnte Ferragamo an das prestigeträchtige New Yorker Warenhaus Saks Fifth Avenue verkaufen. Es schien, als würde er die internationalen Märkte im Sturm erobern. Doch dann marschierte Mussolini 1935 in Äthiopien ein, und der Völkerbund strafte Italien mit Sanktionen.

Nicht nur wurden Ferragamos Kreationen nun nicht mehr exportiert, es fehlte ihm auch an den nötigsten Werkstoffen – Leder, Gummi und Stahl. Er versuchte es zuerst mit Absätzen aus minderwertigem Metall, doch diese konnten dem Druck nicht standhalten. Ferragamo wurde klar, dass er anders an die Sache herangehen musste, und so suchte er nach einer Möglichkeit, die entstandene Leere zwischen Ferse und Boden komplett auszufüllen. Er bastelte eine Weile mit sardinischem Kork herum und präsentierte schließlich 1936 seine Kreation: den Keilabsatz.

Ohne den Zugang zum internationalen Markt war Ferragamo zuerst auf einheimische Kundinnen angewiesen. Er bestellte daher die Gräfin Visconti di Modrone in sein Atelier und zeigte ihr stolz seinen Entwurf. Doch die Gräfin war gar nicht überzeugt. »Signor Ferragamo, Sie wollen mir doch nicht sagen, dass Sie dieses fürchterliche Ding entworfen haben«, soll sie gesagt haben. Es bedurfte einiger Überredungskunst, bis sie den Keilabsatz an einem Sonntag in der Kirche trug.

Dann aber ging alles ganz schnell. Zuerst wollten alle Freundinnen der Gräfin den Schuh, dann alle gut betuchten Damen Italiens, und bereits drei Jahre später war der Wedge der große neue Schuhtrend in den Vereinigten Staaten. 1939 waren nach Schätzungen von Ferragamo 86 Prozent der in den USA hergestellten Schuhe Wedges – obwohl der italienische Schuhmacher seinen Korkabsatz mit einem Patent hatte schützen lassen. Doch es gab einfach zu viele Nachmacher, als dass Ferragamo sie alle rechtlich verfolgen lassen konnte. Das »fürchterliche Ding« war zum Bestseller geworden.

Bei allem Komfort, den Keilabsätze bieten, sollte man sich nicht vom sportlichen Äußeren der Wedge Sneakers blenden lassen. Nur weil etwas aussieht wie ein Turnschuh, bedeutet das noch lange nicht, dass es außerhalb der Shoppingmeilen von Großstädten zu anderen Aktivitäten taugt. Wer auf dem klumpigen Schuhwerk einen Sprint hinlegt, riskiert, bald einen ganz anderen Klumpen am Bein zu haben – Krücken inklusive.

Wo tragen?

Keilabsätze können mit dem richtigen Obermaterial sehr elegant wirken. Zum Abendkleid empfiehlt sich dennoch eher eine zarte Sandalette.

Wie tragen?

Hände weg von allem, was nur im Entferntesten an einen Orthopädieschuh erinnert!

Und dazu?

Der Klumpschuh wirkt nur mit einer schmalen Verlängerung nach oben. Knöchelfreie Hosen bringen den gewünschten Effekt, und schmale Fesseln sind bei Wedges ein Muss.

N° 25

Kitten Heels

Manche Kleidungsstücke sind einfach hoffnungslos unsexy. Twinsets zum Beispiel, oder wadenlange Röcke. Und Kitten Heels. Kitten Heels sind, falls Ihnen der Begriff nicht geläufig ist, die kleine Schwester des Stiletto, also Schuhe mit Pfennigabsatz, die aber die Ferse der Trägerin nie höher heben als fünf Zentimeter.

Zweieinhalb bis drei Zentimeter Absatz sind bei Kitten Heels die Norm, und damit beginnt das Problem mit dem Sex-Appeal. Kitten Heels laufen nämlich gern nach vorne spitz zu und wirken darum sehr lang. Das Resultat: Frau sieht aus, als seien ihre Füße zwei Nummern größer. Darunter kommt nun noch ein ultradünner Absatz, der in seiner Zierlichkeit eine ziemlich unangenehme Proportion zum fast klumpig wirkenden Rest des Schuhs schafft. Das Resultat: Große Füße, kaum längere Beine und ein Gang, bei dem die Hüften eher ungeschickt wackeln als verführerisch schwingen.

Kitten Heels sind Schuhe für Frauen mit Kleiderordnung am Arbeitsplatz. Bankangestellte mit Kundenkontakt, Kosmetikfachverkäuferinnen, Messehostessen – sie alle lieben den Kitten Heel, weil man auf ihm doch deutlich besser laufen und stehen kann als auf einem High Heel. Auch Frauen, die ihren Ehemann fast oder gar deutlich überragen, greifen gerne zu diesem Schuh – man denke nur an Carla Bruni Sarkozy und Michelle Obama, die beiden wohl prominentesten Kitten-Heel-Trägerinnen des neuen Jahrtausends.

Kitten Heels sind relativ bequem, ordentlich und irgendwie ein wenig verklemmt. Eine Schande eigentlich, wurden sie doch ursprünglich entworfen, damit Frauen schon früh im Leben lernen, sexy zu sein. In den 50er-Jahren trat von Paris aus der Stiletto seinen Siegeszug an. Schuhdesigner Roger Vivier hatte für Christian Diors in jenen Jahren bahnbrechende neue Mode den ultradünnen Pfennigabsatz kreiert, und die Frauen rissen sich um ein Modell, das zuvor höchstens unter Fetischisten seine Anhänger hatte.

Die Frau im Stiletto galt plötzlich als das Sexsymbol schlechthin. Der dünne Absatz verlängerte die Beine, und wer lange genug übte, schritt auf Stilettos mit aufreizend schwingenden Hüften durch die Welt. Die Kombination aus Bleistiftrock, Bluse und Stilettos ist ein Ensemble aus jener Zeit, das noch heute Männer gehörig in Wallung zu bringen vermag.

Doch während die Frau von heute mit solchen Bildern spielerisch umgeht, war das Erfüllen von Erwartungen und Normen in den 50er-Jahren bitterer Ernst. Erstes Ziel vieler junger Frauen war es, sich einen Mann zu angeln, der ihnen eine gute Zukunft bieten konnte –

und dazu mussten sie attraktiv wirken. Weil es aber nicht anging, dass unschuldige Mädchen in ebenso verruchtem Schuhwerk daherkamen wie erwachsene Frauen – und weil das Laufen auf Stilettos gelernt sein wollte –, entwickelte die amerikanische Schuhindustrie kurzerhand den »trainer heel«, den Absatz zum Üben.

Auf drei bis fünf Zentimetern stöckelten die oft noch minderjährigen Mädchen nun daher, damit sie möglichst früh lernten, sich auf Absätzen stilvoll zu bewegen. »Kitten«, Kätzchen, wurden die jungen Dinger damals gerufen. Aus heutiger Sicht ein fürchterlicher Begriff, aber damals wurde Machogehabe widerstandslos toleriert und Sexismus war die gesellschaftliche Norm.

Es waren wieder einmal die beiden großen Modeikonen der 60er-Jahre, die Bardot und die Hepburn, die den Kitten Heel auch außerhalb des Teenagerzimmers zur Modeerscheinung machten. Ähnlich wie beim Ballerina (siehe Seite 15) ging es dabei ein wenig um tänzerische Eleganz, aber in erster Linie um Zentimeter. Beide Frauen waren groß gewachsen, beide sollten ihre Filmpartner möglichst nicht überragen und außerdem kindlich und zierlich wirken. So trat der Kitten Heel, gepusht von der Filmindustrie, seinen Siegeszug bei den erwachsenen Katzen an.

Doch schon in den 70er-Jahren blies ihm ein strammer Wind entgegen. Denn die Hippie-Generation mochte sich gar nicht anfreunden mit einem Schuhwerk, das ursprünglich erfunden worden war, um junge Mädchen möglichst früh darauf vorzubereiten, dem Mann zu dienen. Die Kätzchenschuhe verschwanden aus den Schränken und von den Straßen.

Als der schmale Absatz Jahre später wieder in Mode kam, waren die fetten Jahre vorbei. Der Kitten Heel war nun das Mauerblümchen unter den Pfennigabsätzen, der Schuh, den Frau nur trug, wenn sie weit laufen musste, wenn sie von Berufs wegen den halben Tag stehen musste oder wenn der Hallux ihr das Tragen ordentlicher Absätze verunmöglichte – oder eben, wenn sie neben ihrem Mann nicht wie eine Riesin wirken wollte.

Dies ist wohl wie erwähnt auch bei Michelle Obama der Fall, so sehr ihre Kitten Heels in ihren ersten Jahren im Weißen Haus als heißer Trend gefeiert wurden. Die Tatsache, dass ihr Ehemann Barack gerade einmal fünf Zentimeter größer ist als sie, wird bei ihrer Schuhwahl bestimmt eine Rolle gespielt haben. Es ist sogar in Zeiten faktischer Gleichberechtigung eben weiterhin ein wenig daneben, wenn der mächtigste Mann der Welt bei einem Staatsempfang von seiner Frau überragt wird.

Wo tragen?

Wer beruflich viel stehen und gehen muss, ist mit einem Kitten Heel nicht schlecht beraten. Wobei ein kurzer Blockabsatz in diesem Fall noch mehr Bequemlichkeit bietet.

Wie tragen?

Allzu spitze Kitten Heels ziehen den Fuß übermäßig in die Länge und machen aus dem eigentlich eleganten Schuh eine Latsche. Eine zurückhaltende Schuhspitze und ein mittig unter der Ferse angebrachter Absatz lassen den Fuß femininer wirken.

Und dazu?

Für gute, zeitgemäße Kombinationsbeispiele mit Kitten Heels googelt man im Internet nach Carla Bruni Sarkozy oder Michelle Obama – je nachdem, ob man eher auf schlichte französische Eleganz oder auf Power-Fashion steht.

N° 26

Kleines Schwarzes

Es war eine regelrechte Lobeshymne, welche die amerikanische *Vogue* im Oktober 1926 einem Kleid von Coco Chanel darbot – auch wenn es vielleicht auf den ersten Blick nicht danach aussah, verglich das Magazin doch das wadenlange, schwarze Kleid mit den langen Ärmeln mit einem Auto. Dabei handelte es sich nicht um irgendein Auto, sondern um den legendären Ford Model T, der in den Vereinigten Staaten das Autofahren demokratisieren sollte.

Und genauso, wie der Ford T das Auto für alle darstellte, war dieses in einer Illustration abgebildete Kleid für die Redakteure der *Vogue* ganz offensichtlich das »Kleid für alle«. Außerdem war bis 1925 auch der Ford T ausschließlich in Schwarz verkauft worden, die Analogie passte also. Dieses Kleid, dieses »little black dress«, wagte die *Vogue* eine Vorhersage, werde sich zu einer Art Uniform für alle Frauen mit Geschmack entwickeln.

Die Zeitschrift sollte recht behalten, denn heute ist das kleine Schwarze aus dem Kleiderschrank einer Frau nicht mehr wegzudenken. Kaum ein anderes Kleidungsstück ist so versatil, lässt sich je nach Anlass lässig oder elegant stylen. Trotzdem wäre es falsch, Coco Chanel als Erfinderin des kleinen Schwarzen zu bezeichnen – obschon sie maßgeblich an seiner Verbreitung beteiligt war.

Ende des 19. Jahrhunderts war es für eine Frau unerhört, Schwarz zu tragen – außer, sie befand sich in Trauer. Ein Gemälde, das der Porträtmaler John Singer Sargent 1884 von der wohlhabenden Pariserin Virginie Gautreau anfertigte, zeigt diese in einem tief ausgeschnittenen, bodenlangen schwarzen Kleid, das an den Schultern nur mit juwelenbesetzten Trägern gehalten wird. Das Bild löste, als es beim Salon de Paris ausgestellt wurde, einen Skandal aus. Nicht etwa, weil es schlecht gemacht war, sondern des Kleides wegen. Diese Art von Outfit, und dann noch in Schwarz, das war etwas für Kurtisanen und gefallene Frauen. Pikant daran war, dass Virginie Gautreau, die eine ganze Reihe außerehelicher Affären gehabt haben soll, das Kleid selbst für dieses Porträt ausgesucht hatte und sich seiner Wirkung also wohl bewusst war.

Nach der Jahrhundertwende wurde es dann zunehmend chic, die sonst helle Garderobe mit schwarzen Stücken zu ergänzen. Ein Grund dafür war bestimmt das Pferderennen von Ascot im Jahr 1910, das als »Black Ascot« in die Geschichte einging. Kurz vor der Veranstaltung war König Edward VII. gestorben, doch weil er ein großer Fan des Pferderennens gewesen war, entschied man sich trotzdem für eine Austragung. Die gesamte britische High Society erschien in

Schwarz, und die Bilder dieses Anlasses gingen rund um die Welt. Bereits im nächsten Jahr gab Anne Rittenhouse, die Moderedakteurin der *New York Times,* den Amerikanerinnen Tipps zum Tragen von schwarzen Kleidern: Es sei keineswegs so, dass man ein schwarzes Kleid zu jeder Tageszeit tragen könne, schrieb sie. »Zum Spazieren, für Nachmittagsbesuche, eine Matinee oder einen ausgedehnten Tee« seien sie aber durchaus passend, denn »dies sind tageszeitliche und informelle Angelegenheiten«. Für Abendanlässe dagegen riet sie vom Tragen einer schwarzen Robe ab.

Durch den Ersten Weltkrieg und die Spanische Grippe mit ihren vielen Toten gehörten schwarze Kleider wenig später ohnehin zum Alltagsbild. Schwarz hatte, nun da Färbemittel durch die Industrialisierung erschwinglich geworden waren, außerdem den Vorteil, dass man Flecken darauf kaum sah und es sich ohne viel Aufwand gut hielt. Dass kurz nach der lobenden Vorstellung von Chanels Kleid die Wirtschaftskrise ausbrach, gab dem Trend zum Schwarz weiteren Aufschwung. Nun war es nicht mehr schicklich, sich protzig zu kleiden, und Schwarz war in dieser neuen Ära der Bescheidenheit genau die richtige Wahl.

Spätestens nach dem Zweiten Weltkrieg war das kleine Schwarze schließlich überall akzeptiert. Wobei, »kleines« Schwarzes? Die Kleider waren mindestens knielang, oft hatten sie, wie schon Coco Chanels Entwurf, lange Ärmel. »Petite robe noire« oder in Englisch »little black dress« wurden die Kleider genannt, weil sie in klarem Gegensatz zu den großen Roben mit Korsett standen, die man bis in die 20er-Jahre getragen hatte.

Entsprechend ist auch das berühmteste kleine Schwarze bodenlang: Jenes, das Audrey Hepburn 1961 in *Breakfast at Tiffany's (Frühstück bei Tiffany)* trug, entworfen vom französischen Modeschöpfer Hubert de Givenchy. Das Outfit mit Sonnenbrille, Hochsteckfrisur und Perlenkette ist ikonenhaft und noch heute ein Vorbild für zeitlose Eleganz. 2006 wurde Givenchys Kreation bei einer Wohltätigkeitsveranstaltung für 410 000 britische Pfund versteigert. Es ist anzunehmen, dass der anonyme Käufer das Kleid nicht tragen, sondern ausstellen wird.

So viel Geld muss man gar nicht ausgeben für ein gutes kleines Schwarzes. Viele haben ohnehin mehr als nur eines und halten es mit Wallis Simpson, der Ehefrau des abgedankten englischen Königs Edward VIII.: »Wenn ein kleines Schwarzes zum Anlass passt, gibt es dazu keine Alternative.«

Wo tragen?

Dem kleinen Schwarzen sind, siehe Zitat links, kaum Grenzen gesetzt. Manche Einladungen zu Ballnächten oder Hochzeiten schließen allerdings schwarze Kleider explizit aus – solchen Wünschen sollte man entsprechen.

Wie tragen?

Nirgendwo gilt die Regel »Busen oder Beine« so sehr wie beim kleinen Schwarzen. Und auch wenn wir noch heute die Schauspielerin Elizabeth Hurley für den Mut bewundern, mit dem sie 1994 zur Premiere von *Four Weddings and a Funeral* ein nur mit Sicherheitsnadeln zusammengehaltenes Kleid von Versace trug – ein Zeichen von zeitlosem Stil und zurückhaltender Eleganz war dieses Outfit auf keinen Fall.

Und dazu?

Je nach Anlass Jeansjacke oder Seidentuch, Pumps oder Sneakers.

N° 27

Marineshirt

Um eines gleich von Anfang an klarzustellen: Die Marineshirts, um die es hier geht, sind keine Matrosenleibchen wie jene, in denen Donald Duck normalerweise steckt. Unter Marineshirts sind hier die blau-weißen Ringeloberteile zu verstehen, die in den vergangenen Jahrzehnten wiederholt von berühmten Franzosen (ohne Béret und Baguette) und Nichtfranzosen (mit Béret und Baguette) im Urlaub an der Côte d'Azur zur Schau gestellt wurden.

Die Shirts also, die von den Redakteurinnen der französischen *Vogue* gern getragen wurden, als Carine Roitfeld dort noch Chefin war, kombiniert mit Röhrenhosen und Lederjacken. Die Shirts, die ganz laut und in akzentfreiem Französisch schreien: Ich gebe mir überhaupt keine Mühe und habe nicht einen Moment darüber nachgedacht, was ich heute anziehen soll, und trotzdem sehe ich in meiner achtlosen Nonchalance einfach grandios aus.

So ein Shirt kann ja nur aus Frankreich kommen.

»Marinière« heißt besagtes Oberteil auf Französisch, und erfunden hat es – der Name lässt es erahnen – die französische Marine. Die ordnete am 27. März 1858 an, wie zukünftig die Leibchen der Matrosen auszusehen hätten: Der Körper müsse 21 weiße Streifen aufweisen, jeder von ihnen doppelt so breit wie die 20 oder 21 marineblauen Streifen. Auf den Ärmeln waren 14 oder, bei besonders großen Männern, 15 blaue Streifen, die Dreiviertelärmel durften nicht länger sein als jene der Jacke.

»Tricot bleu de service courant Marine nationale« hieß das gestreifte Stück im Uniformenindex, und die 21 Streifen standen angeblich für die 21 Siege Napoleons. Es hieß außerdem, dass man wegen der Streifen auf dem Shirt einen über Bord gegangenen Matrosen besser erkennen konnte.

Die französische Marine war in der Bretagne stationiert, weshalb die Marinière schon bald den Beinamen »bretonne« bekam. Genäht wurden sie in Betrieben der Armee, doch es dauerte nicht lange, bis Männer, die nicht zur Armee gehörten, ebenfalls Gefallen an den Ringelshirts fanden, und so stellten ab Ende des 19. Jahrhunderts auch einige private Betriebe diese Oberteile her. Gefertigt waren sie aus Jerseystoff (der auf Französisch »tricot« heißt).

Coco Chanel, die zu jener Zeit einen Modesalon an der Atlantikküste hatte, war fasziniert von den geringelten Oberteilen der Matrosen. 1917 zeigte sie in ihrer »Marine«-Kollektion eine Variante für die Frau, in der sie selbst gern unterwegs war, kombiniert mit einer weiten, dunklen Hose. Abseits der französischen Strandbäder erlaubte sich allerdings kaum eine andere Frau ein solches Outfit.

Erst nach dem Zweiten Weltkrieg entdeckte man unabhängig von Kuttern und Badestränden die modische Nonchalance der Marinière. Es waren die Existenzialisten in Paris (siehe auch »Rollkragen«, Seite 270), die das Ringelshirt zum Trend machten. Viele der jungen intellektuellen Männer und Frauen hatten so kurz nach dem Krieg kaum Geld, da kamen Kleider aus alten Armeebeständen gerade recht.

Von Paris schwappte der geringelte Trend auf die britischen Inseln, und in den 50er-Jahren hatte er die Vereinigten Staaten erreicht. Der Hollywoodfilm *The Wild One (Der Wilde)* von 1953 mit Marlon Brando gilt zwar gemeinhin als eine der Sternstunden des weißen T-Shirts (siehe Seite 307), doch sollte man auch Brandos Sidekick Lee Marvin einen Blick gönnen – er trägt nämlich ein Ringelshirt. Cary Grant und Audrey Hepburn zeigten sich in den folgenden Jahren in Filmen ebenfalls in der Marinière, und ab 1963 gehörte das Shirt zum unverwechselbaren neuen Look des Künstlers Andy Warhol, der dazu Silberperücke und Sonnenbrille trug.

So unschuldig es uns heute erscheint, das Marineshirt war lange ein Kleidungsstück für Außenseiter, Rebellen und andersdenkende Kreative. Lou Reed ließ sich gern darin fotografieren, Pablo Picasso und Jean Cocteau trugen es. Und Jean Paul Gaultier, der als Modeschöpfer von Beginn an etwas anders tickte, zeigte seit seiner »L'Homme Objet«-Modenschau von 1983 regelmäßig Ringelshirts in seinen Kollektionen, außerdem machte er sie zu seinem persönlichen Markenzeichen und trug über Jahre selbst kaum etwas anderes.

MARINESHIRT

Einer wie Gaultier, der Mode von der Pike auf gelernt hat, wird gewusst haben, was er sich da Rebellisches überstreifte – und tat es bestimmt im vollen Bewusstsein. Die Bretagne, wo das Marineshirt seinen Ursprung nahm, hat übrigens auch aus ganz anderen Gründen ein rebellisches Image – schauen Sie doch mal nach, wo genau das Dorf von Asterix und Obelix liegt …

Wo tragen?

Besonders gut zur Geltung kommt das Marineshirt an einer stürmischen Küste – je nach Außentemperatur kombiniert mit langen oder kurzen Hosen.

Wie tragen?

Das Original der französischen Armee hatte einen U-Boot-Ausschnitt. Heute muss man da zwar nicht mehr so streng sein, aber der flache, breite Ausschnitt ist immer noch der elegante Klassiker.

Und dazu?

Vieles geht. Was nicht geht, sind Kombinationen mit Béret und Baguette (außer natürlich, Sie besuchen eine Karnevalsveranstaltung).

N° 28

Mary Janes

Beim Mary Jane, auf Deutsch gerne auch »Spangenschuh« genannt, denkt man ganz instinktiv an Kinderfüße. Das leicht klobige Schuhwerk mit der breiten Rundung, dem Riemen und der Schnalle ist etwas für kleine Mädchen, am liebsten in schwarzem Lackleder und mit weißen Söckchen. Doch wer war eigentlich diese Mary Jane, die dem Schuh ihren Namen gab?

Es begann alles mit einem Comic. Der Amerikaner Richard F. Outcault veröffentlichte ab 1902 im *New York Herald* die Lausbubenstreiche und Abenteuer von Buster Brown, einem besonders hübschen blonden Jungen mit ziemlich bescheuertem Pagenschnitt. Ständige Begleiter von Buster waren sein American-Pitbull-Terrier Tige und seine Freundin Mary Jane. Ebendiese Mary Jane trug Spangenschuhe an den Füßen – ganz klassisch in Schwarz und mit weißen Söckchen.

Doch halt: Sie war nicht die Einzige im Comic mit Mary Janes – Buster trug die Schuhe ebenfalls. Das Modell wurde zu Beginn des 20. Jahrhunderts und auch noch Jahrzehnte später von Jungen ebenso getragen wie von Mädchen. Die britischen Prinzen William und Harry wurden sogar in den 80er-Jahren als kleine Jungs mit Mary Janes ausgestattet.

Dass der Schuh schließlich den Namen von Mary Jane und nicht von Buster bekam, lag daran, dass Busters Name bereits für die Marke hatte herhalten müssen, unter der die Spangenschuhe ab 1904 verkauft wurden. Der Zeichner Outcault war ein guter Geschäftsmann. Auf der Weltausstellung in St. Louis verkaufte er an über 200 Firmen Lizenzrechte, um mit seinen Figuren werben zu können. Eines dieser Unternehmen war die Brown Shoe Company. Die zufällige Übereinstimmung im Namen mit Outcaults Comicfigur führte zur Gründung einer Kindermarke, der »Buster Brown Shoes«.

Kleinwüchsige Männer wurden angeheuert, die als Buster Brown kostümiert und in Begleitung eines American Pitbulls durch die Vereinigten Staaten tourten und den Schuhläden der Firma Brown Besuche abstatteten. Anzeigen warben mit der Comicfigur für eine ganze Reihe von Kinderschuhen, die allesamt von den Bildern aus den Lausbubengeschichten inspiriert waren. Und das populärste Modell war selbstverständlich jenes, das der Held und seine Freundin selbst trugen – der Mary Jane.

Erst in den 60er-Jahren, als das Fotomodell Twiggy mit seinen Kulleraugen und der knabenhaften Figur in Mary Janes auftrat, wurde der Schuh von erwachsenen Frauen entdeckt. Mit den Jah-

ren wurde er eleganter, bekam zuerst einen etwas klobigen Blockabsatz verpasst und wuchs später immer höher hinaus.

Die Sternstunde des Mary Jane schlug im Februar 2002, als der amerikanische Sender HBO die 17. Folge der vierten Staffel von *Sex and the City* ausstrahlte. Protagonistin Carrie erhält heimlich Zugang zum Styling-Lager der *Vogue* (laute Ohhhs und Ahhhs), entdeckt die Schuhregale (noch viel lautere Ohhhs und Ahhhs) und greift verzückt nach einem filigranen, hochhackigen Mary Jane aus Lackleder. »Oh mein Gott«, ruft sie aus, »Manolo-Blahnik-Mary-Janes! Eine urbane Schuhlegende!«

Offenbar gab es daraufhin eine nicht ganz unerhebliche Anzahl Frauen, die ebenso wie Carrie ganz versessen darauf waren, diesen Schuh zu besitzen – allerdings ohne Erfolg. Der Schuh stammte aus dem Jahr 1994 und war seitdem nicht mehr neu produziert worden. Und Manolo Blahnik war schlau genug, die Legende aus Marketingzwecken noch eine Weile aufrechtzuerhalten. Erst 2009 war der Schuh in einer Neuauflage erhältlich – und trotz des stolzen Preises von rund 500 Euro im Nu ausverkauft.

Die Darstellerin der Carrie, Sarah Jessica Parker, bedankte sich übrigens auf ganz eigene Weise für die Szene, die nicht nur dem Schuh, sondern auch ihr selbst zu großer Popularität verholfen hatte: Im Frühjahr 2014 brachte sie unter ihren Initialen SJP eine eigene Schuhkollektion heraus. Ein Modell stach besonders hervor: Der Diana, der ganz offensichtlich dem Mary Jane von Manolo Blahnik nachempfunden war. Was der Schuhdesigner zu diesem Lausmädchenstreich zu sagen hatte, ist nicht überliefert.

Wo tragen?

Flache Mary Janes versprühen unweigerlich einen Kindergartengroove. Solche mit Absatz (solange dieser hoch und schmal ist) passen aber durchaus zur Abendgarderobe.

Wie tragen?

Männlichen Wesen (auch den ganz kleinen) sei hiermit grundsätzlich von Mary Janes abgeraten. Weibliche Wesen sollten sich vor dem Lolita-Effekt in Acht nehmen. Und darauf achten, dass der Riemen nicht zu spack sitzt, denn sonst sehen selbst die zierlichsten Fesseln plötzlich aus wie Elefantenfüße.

Und dazu?

Bitte keine weißen Spitzensöckchen.

N° 29

Minirock

In einem Artikel aus dem Jahr 1967 mit dem Titel »Halber Meter mehr« (was sich auf die Menge Bein bezieht, die man zu sehen bekommt, und nicht etwa auf die Rocklänge) schreibt das deutsche Nachrichtenmagazin *Der Spiegel,* Mary Quant habe 1965 den Minirock erfunden. Dem sollte man eigentlich Glauben schenken dürfen, doch mit der Erfindung des Minirocks ist es so eine Sache. In den vergangenen fünfzig Jahren haben nämlich noch einige andere die Erfindung des Minirocks für sich beansprucht, zum Beispiel der Franzose André Courrèges oder der Engländer John Bates.

Doch kurze Röckchen gab es schon lange vorher. Mit »lange« soll jetzt nicht auf die Tatsache eingegangen werden, dass solche Lendenwickel unter anderem im alten China und in der ägyptischen Hochkultur getragen wurden; nein, es gab sie auch schon in der westlichen Welt des frühen 20. Jahrhunderts. Miniröcke wurden damals in Theatervorstellungen auf der Bühne getragen, zum Radfahren und Tennisspielen und waren in den 50ern im Kino zu sehen – wenn auch als Mode einer fernen Zukunft. Offenbar sahen zumindest Kostümdesigner im Hochrutschen des Rocksaums ein Zeichen für eine fortschrittliche Gesellschaft, denn in den Science-Fiction-Filmen *Flight to Mars* (1951), *Devil Girl from Mars* (1954) und *Forbidden Planet* (*Alarm im Weltall,* 1956) tragen die weiblichen Hauptfiguren allesamt Minirock.

Mary Quant selbst erinnert sich in Interviews nicht an einen zündenden Moment oder gar eine Eingebung. Nicht sie habe den Minirock erfunden, sagt sie jeweils, sondern ihre Kundinnen. Die hätten immer kürzere Röcke bei ihr bestellt, bis schließlich der Mini dabei herausgekommen sei.

Doch Quant sollte, wenn schon nicht als Erfinderin, dann doch zumindest als Galionsfigur des Minirocks in die Geschichte eingehen. Anders als für ihre männlichen Designerkollegen hatte das Tragen eines Minirocks für Quant nämlich nicht nur eine rein modische, sondern zudem eine soziale und politische Dimension. Es ging um das Selbstbewusstsein der Frau, um Gleichberechtigung und Freiheit, denn der Minirock wurde schon kurz nachdem er auf den Straßen Europas aufgetaucht war zum Politikum.

Den weiblichen Angestellten der französischen Regierung wurde das Tragen von Miniröcken ebenso untersagt wie jenen in diversen Banken. Tunesien verbot (wenig überraschend) den Minirock gleich komplett, Griechenland tat (eher überraschend) dasselbe. Im Vatikan war man »not amused«, als die italienische Filmschauspielerin Claudia Cardinale zum Papstbesuch in einer Mini-Soutane erschien, und Coco Chanel sagte jedem, der es hören wollte, dass sie den Minirock »einfach schrecklich« finde.

Sein Erfolg war dennoch nicht aufzuhalten. Es waren die Swinging Sixties, und zum ersten Mal gab es für junge Frauen eine Möglichkeit, sich modisch ganz klar von ihren Müttern abzugrenzen. In der zweiten Hälfte des Jahrzehnts rutschte der Rocksaum unaufhaltsam weiter nach oben, bis hin zum Mikro-Mini. Das Kultmodel Twiggy machte die Designs von Mary Quant weltberühmt, Yves Saint Laurent schuf die Mondrian-Minikleider und Jackie Kennedy trug bei ihrer Hochzeit mit dem Reeder Aristoteles Onassis 1968 ein Minikleid von Valentino.

Der Mini war allen Verhinderungsmaßnahmen und Unkenrufen zum Trotz gekommen, um zu bleiben. In den vergangenen fünfzig Jahren war er mal mehr, mal weniger in Mode, doch er blieb und bleibt ein fester Bestandteil der Damenmode. Uneinigkeit herrscht heute höchstens noch darüber, ob es fürs Minitragen eine obere Altersgrenze gibt, und wenn ja, wo diese liegt.

Doch, so schreibt der deutschsprachige Wikipedia-Eintrag zum Minirock in fast schon komödiantisch anmutender Wortwahl, der Minirock ist nur »in der Alltagsbekleidung von säkular ausgerichteten Industriegesellschaften weitgehend etabliert«. In vielen anderen Gegenden dieser Welt gilt es nach wie vor als obszön, einen Mini zu tragen, und in nicht wenigen Ländern herrscht selbst im 21. Jahrhundert ein Mini-Verbot. Uganda hat erst 2013 das Tragen von Miniröcken im Zuge eines »Anti-Pornografie«-Gesetzes verboten, zusammen mit anderer angeblich aufreizender Kleidung. Der Grund: Es war regelmäßig zu Übergriffen und Vergewaltigungen gekommen. Schuld daran waren selbstverständlich die Frauen mit ihrer zu offenherzigen Kleidung.

Es braucht eindeutig auch heute noch Frauen wie Mary Quant, die mit beiden nackten Beinen fest für ihre Freiheit und ihre Rechte kämpfen. In diesem Sinne: Frauen allen Alters, steigt in die Miniröcke!

Wo tragen?

In »säkular ausgerichteten Industriegesellschaften« darf man heute im Mini überall hin. Zum Fahrradfahren empfiehlt sich dennoch eine andere Rocklänge.

Wie tragen?

Eine minimale Bedeckung der Unschicklichkeit ist bei aller Freiheit und Gleichberechtigung unbedingt erwünscht. Ein Minirock sollte nicht die Unterwäsche entblößen (oder gar die Tatsache, dass man keine trägt) – weder im Gehen und Stehen noch im Sitzen.

Und dazu?

Eine ordentliche Unterhose.

N° 30

Monokini

Mode muss nicht immer praktisch sein. Manchmal ist Mode sogar ganz absichtlich schrecklich unpraktisch – und die Leute kaufen sie trotzdem. Nehmen wir zum Beispiel den Monokini. Was haben die Designer sich dabei nur gedacht? Dass Frauen nach zwei Wochen Strandurlaub gerne einen Bräunungsstreifen vom Brustbein bis zum Schambereich haben möchten?

Das Problem ist nicht neu, genauso wenig wie der Monokini eine Erfindung des 21. Jahrhunderts ist. Denn schon 1964, als das amerikanische Magazin *Life* eine ausführliche Bildstrecke mit dem ersten Monokini zeigte, bemängelte die Autorin des Begleittextes, dass der Monokini weder zum Schwimmen noch zum Sonnenbaden tauge – Ersteres, weil er nach unten rutsche, und zweitens, weil er hässliche Bräunungsstreifen auf der Brust hinterlasse.

Doch dieser erste Monokini war weit mehr als nur unpraktisch:

Er war richtiggehend skandalös. Entworfen hatte ihn der österreichische Modemacher Rudi Gernreich (1922–1985). Der war bekannt für seine gewagten Designs und hatte außerdem bereits zuvor in einem Interview gemutmaßt, dass in wenigen Jahren die Frauen oben ohne am Strand liegen würden.

Konsequenterweise war sein Monokini nicht viel mehr als ein bis zum Rippenbogen reichendes Bikinihöschen. An der Vorderseite waren mittig zwei Träger angebracht, die zwischen den Brüsten getragen wurden und je nach Wunsch am Rücken überkreuzt werden konnten. Gernreichs Monokini war eigentlich eine hoch geschnittene Omaunterhose mit Hosenträgern.

Die Öffentlichkeit war selbstverständlich entsetzt. Gerade einmal zwei Jahre war es her, dass Ursula Andress im James-Bond-Streifen *Dr. No* in einem Bikini den Fluten entstiegen war (siehe Seite 29), und noch immer war es alles andere als selbstverständlich, dass Frauen sich im Zweiteiler am Strand zeigten. Da ging Gernreichs Entwurf doch deutlich mehr als nur ein kleines bisschen zu weit.

Trotzdem versäumte es kaum ein Magazin, den Schocker abzubilden. Und viele zeigten nicht etwa den Rücken oder einen zumindest halbwegs pietätvollen seitlichen Anschnitt, nein, das Publikum bekam die volle Breit-, pardon, Brustseite präsentiert, in oben erwähntem Artikel von *Life* sogar in mehreren Einstellungen. Fotostrecken des *Playboy* aus dem gleichen Jahr waren im Vergleich dazu fast schon bieder.

Gernreich hatte das provokante Badehöschen eigentlich gar nicht in Serie produzieren wollen. Er hatte es als Prototyp entworfen, als modische Prognose und auch ein wenig als freche PR-Aktion. Seine Muse Peggy Moffitt weigerte sich allerdings, den Monokini auf dem Laufsteg zu tragen. Jedoch willigte sie ein, sich darin fotografieren zu lassen. Diese Fotos wiederum präsentierte Gernreich der New Yorker Presse, und die stürzte sich förmlich darauf.

Innerhalb kürzester Zeit trudelten über 1000 Bestellungen für den Monokini bei Gernreich ein, weshalb er den knappen Einteiler schließlich doch in Produktion gab. Dass einige der Damen, die einen Monokini gekauft hatten, diesen auch tragen würden, war in der Folge ebenso zu erwarten wie die zahlreichen Verhaftungen »anstößig« bekleideter weiblicher Badegäste. Nicht selten wurden diese in Frontalaufnahmen in der Zeitung dokumentiert – das Publikum konnte sich offenbar nicht satt sehen an den nackten Tatsachen.

Gernreich sollte schließlich recht behalten. Es dauerte gar nicht lange, da wurde es zumindest in einigen westlichen Ländern für Frauen selbstverständlich, sich oben ohne zu sonnen, und der Monokini verschwand in der Versenkung.

Erst kurz nach der Jahrtausendwende tauchte er zumindest als Begriff wieder auf – obwohl er im 21. Jahrhundert eigentlich einen Badeanzug mit großen Cut-Outs (Stellen, an denen der Stoff »weggeschnitten« wurde) bezeichnet; der Busen bleibt beim Monokini 2.0 züchtig bedeckt.

Vielleicht liegt es ja daran, dass in Europa eine neue Welle der Prüderie eingesetzt hat. 2009 berichteten nämlich viele europäische Zeitungen darüber, dass einer Umfrage zufolge sogar in Frankreich, wo Oben-ohne-Baden an den Stränden lange eher die Regel als die Ausnahme war, die jungen Frauen ihr Bikinioberteil nun lieber anbehielten. Zum Glück musste Rudi Gernreich das nicht mehr mit ansehen.

Wo tragen?

Überall, wo man keine fiesen Bräunungsstreifen riskiert. Oder noch besser: gar nicht. Tragen Sie Bikinis, gehen Sie oben ohne an den Strand oder ganz züchtig im Badeanzug – aber lassen Sie bloß die Finger vom Monokini.

Wie tragen?

Bei Kunstlicht, zum Beispiel auf Sexmessen.

Und dazu?

Im eben genannten Kontext am besten Killer Heels aus transparentem Plastik.

N° 31

Moon Boots

Es war eigentlich eine unmögliche Idee. Bar jeder Ästhetik und Vernunft. Wir schreiben das Jahr 1969, und der Unternehmer Giancarlo Zanatta, Inhaber einer Schuhfirma in Montebelluna, einem Zentrum der italienischen Schuhindustrie, betrachtet auf der Pennsylvania Station in New York ein Plakat, auf dem die Astronauten der wenige Monate zuvor von der ganzen Welt verfolgten ersten Mondlandung abgebildet sind.

Und dann hat er eben diese Idee. »Sie hatten diese merkwürdigen Stiefel an«, erzählte er viele Jahre später in einem Interview. »Und ich dachte, warum eigentlich nicht?«

Zurück in Italien beauftragte Zanatta sein Design-Team, ihm einen Schuh zu entwerfen, der optisch den Stiefeln der amerikanischen Astronauten ähnelt. Für den Winter sollte der sein, unschlagbar warm und zugleich trittfest, außerdem ganz anders als alles, was auf dem Markt erhältlich war. So entstand der Moon Boot.

Anders war der tatsächlich. Braune, gefütterte Lederstiefel mit hohem Schaft waren in jener Zeit das übliche Modell für den Winter. Der Moon Boot war weder braun noch aus Leder. Er war ein Schaumstoffungetüm, umschlossen von einem knallbunten und wasserdichten Synthetikmaterial, nur pro forma und für das Auge mit einer Schnürung ausgestattet. Am Schaft prangte zentimeterhoch der Schriftzug »Moon Boot«. Nicht einmal ein rechts und ein links gab es, beim Moon Boot passt jeder Stiefel an beide Füße.

Doch siehe da, als Zanatta seinen Stiefel einige Monate später auf einer internationalen Sportartikelmesse präsentierte, rissen sich die Einkäufer förmlich um seine Idee. Der Moon Boot wurde zu einem Wintersportbestseller der 70er-Jahre. Jeder und jede wollte sich abseits der Skipiste in Zanattas Schaumstoffungetümen präsentieren. Der Moon Boot entwickelte sich gar zur Design-Ikone, stand er doch mit seinen synthetischen Materialien für technischen Fortschritt und Innovation. Seine außergewöhnliche Form und seine knalligen Farben machten ihn außerdem zu einem Symbol gegen das langweilige Establishment – junge, modemutige Frauen trugen Moon Boots zum Minirock.

So ein Trend währt natürlich nicht ewig. In den über vierzig Jahren seit Zanattas Eingebung hatten die Moon Boots viele modische Auf und Abs. Dazu kamen die Nachahmer. Denn heute ist Zanatta mit seiner Marke Tecnica bei Weitem nicht mehr der einzige Anbieter aus der Abteilung »Klotz am Bein«. Die schärfste Konkurrenz kommt aus Australien: Klobige Lammfellstiefel, meist als »Uggs« bekannt – der Legende nach erhielten sie ihren Namen, weil der Ehefrau des Erfinders beim ersten Anblick ausrief: »Oh God, they're ugly!« Dennoch eroberten sie in den frühen Nullerjahren auch europäische Straßen.

Womit gleich der entscheidende Unterschied herausgestrichen wäre: Während der Moon Boot ein Stiefel ist, der ausschließlich in beschneiten Gegenden mit Skiliftanschluss getragen werden sollte, wurde der Ugg von Beginn an als Alltags- und Straßenschuh positioniert. Einst von australischen Surfern nach dem Bad im Pazifik übergestreift, ist der warme Lammfellstiefel absurderweise ein Accessoire für jede Jahreszeit. Und seine Sohle ist – anders als die speziell für winterliche Verhältnisse entworfene, ultimativ rutschfeste Sohle des Moon Boot – auf Eis und Schnee absolut nutzlos.

Doch mangelnde Tauglichkeit ist nur selten ein Grund, einen modischen Artikel nicht zu kaufen, und so grassierte kurz nach der Jahrtausendwende rund um den Globus das Ugg-Fieber. Es war dann wohl genau diese Allgegenwärtigkeit, kombiniert mit dem immer etwas unguten Überfluss an billigen Popsternchen in Lammfellstiefeln, die den Uggs den modischen Garaus machte.

Jene, die nicht aussehen wollten wie ein billiges Popsternchen – und alle Popsternchen, die nicht billig aussehen wollten –, brauchten also ein neues auffälliges Accessoire, um beim Après-Ski in Sölden, Aspen oder Gstaad die nötige Aufmerksamkeit auf sich zu ziehen. So kam der Moon Boot wieder in Mode. Wobei es zuerst nicht die echten Moon Boots von Zanattas Tecnica waren. Stattdessen hatten sich große Modehäuser aus Paris, Mailand und New York das Design der klobigen Ungetüme zum Vorbild genommen und produzierten nun munter Schaumstoffstiefel, auf deren Schaft statt Moon Boot zum Beispiel das Logo von Chanel, Dior oder Gucci prangte. Manche waren mit Fell und Glitzersteinchen dekoriert, aber vor allem unterschieden sich diese Designertreter in einer Sache vom Original: dem Preis.

Und weil es eben doch unsinnig ist, einen vierstelligen Betrag für eine Kopie auszugeben, wenn das Original für einen Bruchteil dieses Geldes zu haben ist, sah man nach und nach auch wieder echte Moon Boots auf den Straßen der Wintersportorte und den Terrassen der Bergbeizen. Manch einer hatte sie wohl noch im Keller liegen gehabt, im Wissen, dass ein solch absurdes Design irgendwie zeitlos sein muss. Tatsächlich gelten die Moon Boots inzwischen als Klassiker, und aus der Mode werden sie wohl so schnell nicht wieder kommen. Außer natürlich, der Klimawandel macht ihnen einen Strich durch die Rechnung.

Wo tragen?

Ausschließlich während der Wintermonate und an Orten, die von Berggipfeln umgeben sind, über einen Skiliftanschluss verfügen und ordentliche Minustemperaturen aufweisen können.

Wie tragen?

Moon Boots dürfen bunt sein. Sie dürfen auffallen und aus der Reihe tanzen. Nicht einmal mit einem Sondermodell aus Latex oder mit den besonders begehrten silber- und goldfarbenen Moon Boots ist man overdressed.

Und dazu?

Der Stiefel ist hier das Statement. Alles andere sollte dezent in den Hintergrund treten: Eine schmale Röhrenhose, ein dicker Rollkragenpullover, eine körpernahe, nicht allzu voluminöse Daunenjacke, die knapp übers Gesäß reicht. Wichtig ist, dass die Beine oberhalb der Stiefel schmal wirken.

… N° 32

Norwegerpullover

Man stelle sich einen Norwegerpullover vor … Und? Hat er einen rundgestrickten, gemusterten Halsausschnitt? Reingefallen, denn das ist ein Islandpullover!

Natürlich wird dieser in Island selbst nicht Islandpullover genannt. »Lopapeysa« heißt er dort, zusammengefasst aus »lopi«, der Art von Wolle, aus der er gemacht ist, und »peysa«, dem isländischen Wort für Pullover. Und wer jetzt hinter dem Lopi-Pullover eine jahrhundertealte Tradition vermutet, der irrt sich gewaltig – das kratzige Teil mit dem Öko-Image gibt es erst etwa seit dem Zweiten Weltkrieg.

Zwar hat die Produktion von Kleidung aus Wolle tatsächlich eine lange Geschichte auf der Insel – eines der bekanntesten isländischen Sprichwörter ist »ull er gull«, was so viel bedeutet wie »Wolle ist Gold«. Vor der maschinellen Verarbeitung war jedoch die Handhabung der Wolle eine ganz andere: Das Islandschaf hat ein hartes, kratziges Deckhaar und ein deutlich weicheres Unterfell, und die beiden ließen sich nach dem Scheren nur in Handarbeit trennen – ein mühseliger und aufwendiger Prozess, der sich nicht mehr lohnte, als das Spinnen in den 40er-Jahren von Maschinen übernommen wurde.

Die neue Wolle, die dabei entstand, war weich und luftig, allerdings auch ziemlich kratzig, außerdem war sie nicht hart gesponnen, was bei der Verarbeitung einiges an Fingerfertigkeit erforderte. »Lopi« nannten die Isländer diese aus Deck- und Unterhaar gemischte neue Wollqualität, von der man zu Beginn nicht recht wusste, wie man sie verarbeiten sollte.

Dem jungen Land – es hatte erst 1944 die Unabhängigkeit von Dänemark erklärt – fehlten nationale Symbole, und in den folgenden Jahren wurde der Pullover aus Lopi-Wolle zu einem. Zu seiner Entstehung kursieren die wildesten Gerüchte. Manche sagen, er sei inspiriert von den Mustern alter dänischer Pullover, andere, dass die Frau des isländischen Literaturnobelpreisträgers Halldór Laxness die Erste gewesen sei, die dieses Muster gestrickt habe, wieder andere halten es für eine Interpretation der Nationaltracht Grönlands. Gesichert ist davon nichts, aber in den 50er-Jahren war er plötzlich überall, der Islandpullover, er stand symbolisch für die Erfindung einer nationalen Identität.

Ursprünglich wurde er nur in den natürlichen Fellfarben der Schafe gestrickt, doch seine Beliebtheit bei Touristen brachte später neue, künstlich gefärbte Modelle auf den Markt. Außerdem mischen heute manche Hersteller der Lopi-Wolle andere Fasern bei, damit der Pullover nicht so furchtbar kratzt.

Ähnliche Pullover wie in Island werden auf den zu Dänemark gehörenden Färöer-Inseln hergestellt – die Hauptfigur der dänischen Fernsehserie *Kommissarin Lund – Das Verbrechen*, Kriminalkommissarin Sarah Lund, trägt zum Beispiel so einen. Und es gibt tatsächlich auch traditionelle Strickwaren aus Norwegen, doch handelt es sich dabei eben nicht um das, was wir umgangssprachlich gerne als Norwegerpullover bezeichnen.

Den »Setesdalgenser« – Setesdal ist ein Tal im Süden Norwegens, »genser« ein Wort, das sowohl für traditionelle Westen wie auch für Pullover verwendet wird – gibt es etwa seit der Mitte des 19. Jahrhunderts. Auch hier geht also die Tradition nicht viele Jahrhunderte zurück, sondern weniger als zweihundert Jahre. Typisch für den »echten« Norwegerpullover ist neben einer aufwendiger gemusterten Borte am Hals und an den Manschetten eine durchgehende Musterung mit kleinen Punkten, meist entweder Schwarz auf Weiß oder dann Weiß auf Schwarz. Wer jetzt an Schneeflocken denkt, wird bitter enttäuscht, denn die Norweger nennen Stücke mit diesem Muster gerne »Lusekofte«, was so viel wie »Läusepullover« heißt.

Anders als die Pullover aus Island sind jene aus Norwegen nicht aus einem Stück rundgestrickt, sondern haben angenähte Ärmel. Traditionelle Setesdalgenser sind außerdem von der Taille abwärts komplett weiß. Dies liegt daran, dass die Fischer, die früher solche Pullover trugen, diese in die hoch gegürteten Hosen steckten. Warum also sollte die Frau sich die Mühe machen, etwas aus teurer gefärbter Wolle und mit komplizierten Mustern zu stricken, das dann sowieso keiner sehen würde?

Charakteristisch für den Setesdalgenser ist außerdem, dass er meist gar kein echter Pullover ist. Viel verbreiteter sind Westen mit applizierten Metallverschlüssen, meist durchgehend zu öffnen, manche in Form eines Anoraks. Solche Westen gelten übrigens in Norwegen als elegante Herrenbekleidung, und so mancher Norweger trägt sie statt eines Jacketts zu Hemd und Krawatte.

Elegant wirken wollte der Grüne Walter Schwenninger dagegen auf keinen Fall, als er 1983 mit langer Mähne und Bart seinen ersten Auftritt im deutschen Bundestag hatte. »Im Norwegerpullover im Plenarsaal« lautete eine Bildunterschrift zu Schwenningers Outfit. Die Presse irrte sich gewaltig, war der Pullover doch eindeutig ein isländisches Modell.

Wo tragen?

In Norwegen mag das mit dem Hemd und der Krawatte ja noch angehen, doch bei uns gehört der Norwegerpullover eindeutig zur Freizeitbekleidung. Vorsicht ist außerdem beim Blick auf die Außentemperaturen angebracht – alle Modelle, ob aus Norwegen, Island oder von den Färöer-Inseln, haben den Ruf, wie eine Privatsauna zu wirken und sind bei über null Grad Celsius nicht zu empfehlen.

Wie tragen?

Islandpullover sollte man aufgrund des ständigen Juckens und Kratzens nicht ohne etwas drunter tragen – außer, man ist ernsthaft masochistisch veranlagt.

Und dazu?

Keine Birkenstock-Sandalen.

… N° 33

Overall

In jüngerer Zeit machte der Overall vor allem in seiner plüschigen Variante von sich reden. Gerne auch mit Kapuze und Hasenohren, auf jeden Fall aber in Übergröße und mit prominentem Reißverschluss über den gesamten Rumpf. Der »Onesie« – so wird dieser spezielle Einteiler von seinen meist britischen Fans genannt – springt uns in diversen Reality-TV-Formaten eher schmerzhaft ins Auge. Und obwohl wir meist über seine Hässlichkeit lachen, ist uns dabei doch eher zum Weinen zumute.

Wer bei dieser kuschelweichen Modestraftat unweigerlich an einen Babystrampler denkt, liegt gar nicht so weit daneben. Das Wort »Onesie« leitet sich nämlich von der Babystrampler-Marke Onesies des amerikanischen Kinderbekleidungsherstellers Gerber ab. Von einem Strampelanzug für Erwachsene zu sprechen ist in diesem Fall also völlig legitim.

Während es über die Ästhetik solcher Nicki-Ungetüme ganz eindeutig nichts Gutes zu sagen gibt, muss trotzdem die Frage erlaubt sein, wie praktikabel es eigentlich ist, seine Abende auf dem Sofa in einem plüschigen Ganzkörperkondom zu verbringen. Manche dieser Onesies haben immerhin (wie die im ausgehenden 19. Jahrhundert als Unterwäsche getragenen »union suits«, die zweifellos als frühe Vorgänger der Onesies gelten dürfen) eine »Klappe« am Gesäß, damit sich der Gang auf die Toilette nicht zum umständlichen Komplett-Striptease entwickelt.

Der Onesie sollte, so sehr er die Trägerin (einen männlichen Träger wollen wir uns in diesem Ding lieber erst gar nicht vorstellen) auf dem Sofa glücklich macht, auf keinen Fall die eigenen vier Wände verlassen – das fiele dann eindeutig unter Erregung öffentlichen Ärgernisses. Andere Varianten des Overalls haben es aber sehr wohl auf die Straße geschafft, und manche sogar mit Recht.

Ursprünglich, dazu muss man nur ein wenig Englisch verstehen, war der »jumpsuit« zu Höherem berufen. In der Zeit vor dem Ersten Weltkrieg trugen ihn die waghalsigen ersten Piloten und Fallschirmspringer. Auch von einer Frau gibt es aus dem Jahr 1911 ein Bild im Overall – es ist jenes von Harriet Quimby, der ersten Frau, die eine amerikanische Fliegerlizenz besaß. Der Überlieferung zufolge soll besagter Overall violett gewesen sein, das Bild gibt, da schwarz-weiß, leider keine weiterführenden Auskünfte.

Im Ersten Weltkrieg wurde es für Frauen eine Zeit lang fast zur Normalität, den lieben langen Tag Overall zu tragen. Die Männer waren im Krieg, die Fabriken mussten am Laufen gehalten werden

– also stiegen eben die Frauen in die Arbeitsanzüge. Außerhalb der Produktionslinie war das Tragen eines Overalls für Frauen dennoch undenkbar – schon in ganz gewöhnlichen Hosen wurden sie damals auf der Straße kaum toleriert.

Ihrer Zeit weit voraus war Katharine Hepburn, die 1937 im Film *Stage Door (Bühneneingang)* einen Overall trug. Doch einen Modetrend löste das nicht aus, und auch im Zweiten Weltkrieg blieb der Overall in den Fabriken und schaffte nicht den Sprung in die weibliche Alltagsmode.

Experimentierfreudiger wurden die Modeschöpfer erst, nachdem sie bereits einiges gewagt hatten – den Minirock und die kurze Hose zum Beispiel. 1968 war Yves Saint Laurent der Erste, der einen Overall in seiner Kollektion präsentierte. Der war obenrum hauteng, untenrum ausgestellt und mit Bügelfalte, am Torso mit einer versteckten Knopfleiste versehen und wurde zu einer Art Kopiervorlage für alle Overalls dieser Ära.

Die 70er- und 80er-Jahre waren die Blütezeit des Einteilers – für Frauen ebenso wie für Männer. Man denke nur an die bestickten und glitzernden Exemplare von Elvis Presley, an das Kostüm von David Bowie alias Ziggy Stardust, an Bruce Lee und seinen gelben Overall in *Enter the Dragon (Der Mann mit der Todeskralle)* oder an die junge Suzi Quattro in Ganzkörperleder. Im Laufe der 80er-Jahre wurde der Jumpsuit aber immer mehr zum Catsuit und war in dieser hautengen und offensichtlich sexuell behafteten Form kein Kleidungsstück für die Frau von nebenan, sondern ein Fetischobjekt oder das Arbeitsoutfit eines Boxenluders. Der Overall verschwand von den Laufstegen und Kleiderbügeln seriöser Modemacher, und es dauerte über zwei Jahrzehnte, bis er wieder aus der Schmuddelecke hervorkommen sollte.

In den Jahren 2008 und 2009 waren die Overalls plötzlich wieder überall. Stella McCartney hatte sie ebenso in der Kollektion wie Marc Jacobs und Bottega Veneta, Rihanna und Gwyneth Paltrow trugen sie auf dem roten Teppich. Die neuen Overalls waren eher dem ursprünglichen Jumpsuit nachempfunden, umspielten luftig den Körper. Und es war (und ist) ein Trend ausschließlich für Frauen.

Doch ob körper- oder hautnah, ob Seide, Leder oder Baumwolle, der Overall ist selbst über hundert Jahre nach seiner Einführung ein tückisches Kleidungsstück. Schmal ist der Grat des Modischen und Angesagten, und allzu schnell sieht man darin aus, als sei man nur kurz vorbeigekommen, um den Abfluss in der Küche zu reparieren – oder als nuckle man mit über dreißig noch immer gern am Daumen.

Wo tragen?

Auf das Material kommt es an. Ein schimmerndes Modell aus Seide sieht auch zum Abendanlass noch gut aus – solange Sie eine Frau sind. Männer tragen im 21. Jahrhundert nur dann einen Overall, wenn sie als Kampfpilot, U-Boot-Ingenieur oder Klempner arbeiten – oder wenn sie bei den Chippendales in der ersten Reihe tanzen.

Wie tragen?

Es geht um ein gesundes Mittelmaß: obenrum nicht allzu weit, untenrum nicht allzu eng.

Und dazu?

Feminines Schuhwerk schafft den nötigen Kontrast zum Arbeiteranzug. Zarte Sandalen für tagsüber, mörderische High Heels zum Dinner.

N° 34

Overknee-Stiefel

»Sie lief von der Straße in sein Leben und stahl sein Herz«, stand 1990 auf dem Plakat vor dem Dorfkino. Das waren noch Zeiten … Richard Geres Haar war dunkel und voll, Julia Roberts trug eine wallende Naturkrause – und diese enormen Lacklederstiefel. Die Rede ist natürlich von *Pretty Woman,* dem vielleicht prägendsten Film der 90er-Jahre. Gut möglich, dass es den Begriff »Nuttenstiefel« vorher gar nicht gab, nachher kannten ihn jedenfalls alle. Von Prostituierten getragen wurden die Overknee-Stiefel aber schon ein Jahrhundert früher.

Dabei waren sie eigentlich von Männern für Männer erfunden worden, und das bereits im Spätmittelalter. Als ab dem 15. Jahrhundert die Ganzkörperrüstung immer mehr aus der Mode kam, setzten viele Reiter stattdessen auf Stiefel mit hohem

OVERKNEE-STIEFEL

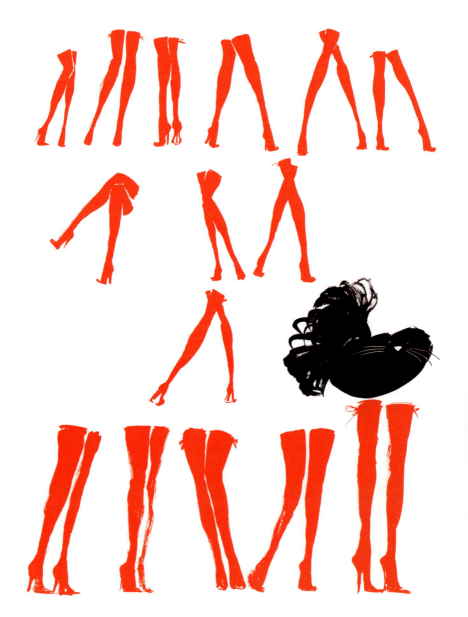

Schaft, um ihre Beine und Hosen zu schützen. Oft war der Schaft hinten geschlitzt, damit man, einmal vom Pferd gestiegen, das Leder umklappen konnte – ein Look, wie er in diversen Verfilmungen der *Drei Musketiere* von Alexandre Dumas zu sehen ist.

Hohe Stiefel waren ein Zeichen von Macht und Manneskraft, und vielleicht erklärt das zumindest ein wenig, wie sie im späten 19. Jahrhundert dann doch an die Frau kamen – als Fetischobjekt. Nur wenig ist bekannt über die Herkunft und die Geschichte jener Stiefel, die in den Fetisch-Lokalen von Paris für Aufsehen gesorgt haben müssen und heute in Modemuseen stehen. Es sind Stiefel mit Absätzen so hoch wie bei modernen High Heels und einem fast hüfthohen, geschnürten Schaft. Wie beim Korsett diente diese ausführliche Schnürung, die nur in langwieriger Arbeit geschlossen und gelöst werden konnte, wohl auch dem sexuellen Anreiz, ebenso wie der in jener Zeit betont männlich-dominante Charakter der Stiefel.

Die neu errungene Dominanz – oder zumindest die hart erkämpfte Emanzipation – der Frau wollten auch die großen Modedesigner betonen, als sie in den 60er-Jahren erstmals den Overknee-Stiefel auf den Laufsteg schickten. Kein Vergleich war das zu den Fetischstiefeln früherer Jahre. Statt High Heels gab es kurze Blockabsätze, statt auf schwarzen oder roten Lack setzte man auf Wildleder in den Bonbonfarben jenes Jahrzehnts. An Prostituierte dachte dabei keiner. Pierre Cardin präsentierte gar glänzende Stiefel in Schwarz und Silber, so hoch, dass sie unterm Rocksaum verschwanden. Nicht etwa verrucht, sondern futuristisch sahen die aus, kombiniert mit kurzen Kleidern in Raumschiff-Enterprise-Optik.

Noch bis in die 70er schien es, als könnte der Overknee-Stiefel endgültig aus der Schmuddelecke hervorkriechen. Sogar Jane Birkin trug ihn, ganz unschuldig lächelnd, auf einem romantischen Pärchenbild mit Serge Gainsbourg. Der Overknee war wie die beiden – neckisch und frech, vielleicht ein bisschen provokant und bohemien, doch unziemlich, nein, das war er nicht.

Trotzdem sank in den 80ern die Schafthöhe wieder deutlich unters Knie, und mindestens ein Jahrzehnt lang war der Overknee-Stiefel ziemlich vom Radar verschwunden – bis ihn Julia Roberts wieder ins Zentrum des Geschehens zerrte, und das nicht unbedingt auf eine vorteilhafte Art (obschon sie darin, man muss es zugeben, sehr gut aussah, aber die junge Julia Roberts hätte sogar in einem Kartoffelsack noch gut ausgesehen).

Nach *Pretty Woman* hatte der Overknee seinen Namen weg. Der »Nuttenstiefel« war er jetzt, ein unsäglich obszönes Ding, in dem sich kein anständiges Mädchen auf die Straße wagen sollte. Über zehn Jahre brauchte der lederne Schenkelwärmer, um sich von diesem Trauma zu erholen. Ganz zaghaft wagte er sich dann zu Beginn des neuen Jahrtausends wieder auf den Laufsteg, bekam ersten Applaus, als ihn 2003 Phoebe Philo bei Chloé zeigte, wurde 2006 bei Chanel zum Medienereignis und hat spätestens jetzt, im zweiten Jahrzehnt des 20. Jahrhunderts, die Herzen vieler Frauen zurückerobert – jene der Männer hat der Overknee ohnehin schon seit *Pretty Woman* sicher – ganz egal, in welcher sozialen Ecke er sich gerade befindet.

Wo tragen?

Flache Overknees sind selten fehl am Platz. Bei Modellen mit Stilettoabsatz riskiert man an manchen Orten aber immer noch ähnliche Reaktionen wie jene des Hotelconcierges aus *Pretty Woman*.

Wie tragen?

Wer in der Öffentlichkeit in Overknees unterwegs ist, trägt Strumpfhosen und einen züchtigen Schlüpfer. Was man im Schlafzimmer oder auf der Fetischparty drunter anzieht, bleibt dagegen jeder (und jedem) selbst überlassen.

Und dazu?

Den Ruf der »Nuttenstiefel« sind die Overknees noch immer nicht ganz los. Was man dazu trägt, sollte daher weder zu eng noch zu knapp sein.

N° 35

Pailletten

Pailletten sind das Scheinheiligste, was die Modeindustrie zu bieten hat. Vornerum alles Glitz und Glam, hintenrum piksen sie einem in den Hintern und scheuern einem die Oberarme auf. Aber wie pflegte schon die Oma zu sagen: Wer schön sein will, muss leiden.

Umso erstaunlicher ist es da, dass die Applikation von kleinen runden Plättchen auf Textilien eine lange Tradition hat: Als Archäologen 1922 das Grab von Tutanchamun entdeckten, staunten sie nicht schlecht, denn an seine königlichen Gewänder waren goldene, paillettenähnliche Scheibchen genäht. Es ist allerdings unwahrscheinlich, dass sich der Pharao zu Lebzeiten mit diesem Goldbehang herumschleppen musste. Stattdessen geht man davon aus, dass die Kleider ihn im Jenseits finanziell absichern sollten.

Ähnliches dachten sich im Mittelalter und der Renaissance viele Völker Europas – allen voran die Fahrenden, die während Jahrhunderten Münzen und andere glitzernde und glänzende Dinge an ihre Kleider nähten. Allerdings ging es dabei ganz klar um die diesseitige finanzielle Absicherung, und die wollte man so nah wie möglich am Körper tragen.

Auch unter Adligen war es beliebt, Kleider mit Metallplättchen verzieren zu lassen. Dass dies kein Trend für die breite Masse war, versteht sich von selbst, denn die Plättchen mussten einzeln und in mühseliger Kleinarbeit an die Roben und Schuhe genäht werden.

Daran hatte sich bis ins frühe 20. Jahrhundert nichts geändert. Nichtsdestotrotz gab es in den 20er-Jahren einen regelrechten Hype um die glitzernden Plättchen. Die Tänzerinnen der Cabarets trugen reich mit Pailletten verzierte Kleider und wurden zum modischen Vorbild für Frauen, die in den Roaring Twenties das Tanzbein schwangen.

In solchen Kleidern zu tanzen muss ein gutes Krafttraining abgegeben haben, wurden doch Pailletten damals noch meist aus Metall gestanzt. Ein mit ihnen benähtes Kleid konnte also schnell ein paar Kilo wiegen – und war der vielen Handarbeit wegen sehr teuer. Kein Wunder also, dass einige Tüftler mit Hochdruck daran arbeiteten, erschwinglichere und vor allem leichtere Arten von Pailletten produzieren zu können. Zu den erfolgreichsten Alternativen jener Zeit gehörten Plättchen aus Gelatine, nur hatten die einen anderen Haken: Sie schmolzen, wenn sie mit Wärme oder Wasser in Verbindung kamen. Die warme Hand des Tanzpartners oder ein Regenguss auf dem Weg zum Tanzpalast konnten schwerwiegende Konsequenzen haben.

Auch erste Versuche mit den neu entdeckten Kunststoffen in den 30er-Jahren brachten nicht sofort die gewünschten Erfolge. Erst der Einsatz von Vinyl führte zu guten, relativ dauerhaften Ergebnissen. Doch ein Problem blieb trotz der Plastikpailletten: Wie bekam man die Glitzerscheibchen im Schnellverfahren auf den Stoff? Fast alles war inzwischen maschinell möglich, doch das Aufnähen der Pailletten erfolgte noch immer in Handarbeit.

Das änderte sich 1963 durch die Erfindung von Arnold Ochsner aus dem Schweizer Städtchen Gossau. Er hatte ein maschinelles Verfahren entwickelt, mit dem sich Stoffe mit Pailletten besticken ließen. Sein Patent verkaufte er an das Stickereiunternehmen Jakob Schläpfer im benachbarten St. Gallen, wo schon zwei Jahre später Pailletten am Laufmeter die Produktion verließen und an die großen Couturehäuser in Paris geliefert wurden. So eroberte die Paillette die Laufstege und Modemagazine der Welt.

Als Mitte der 80er-Jahre das Patent der Firma Schläpfer auslief, wurden Pailletten allgegenwärtig. Die Produktion verlagerte sich in Billigländer, glitzernde Stoffe wurden zur Massenware. Wobei die Qualität keine Rolle spielt, wenn es um das fiese Kratzen am Arm geht, denn Teures scheuert genauso wie Billiges. Wehrt man sich allerdings und zupft da, wo es wehtut, etwas grob am Glitzerkleidchen, so trennt sich schnell die Spreu vom Weizen: Während bei der Schweizer Qualitätsware (die noch heute von den meisten Designern von Weltrang verarbeitet wird) jedes Plättchen von der Maschine einzeln vernäht wird, sind bei Billigstoffen die Pailletten in Bahnen aufgenäht: Reißt man eine ab, zieht sich, schwups, eine gänzlich unglamouröse paillettenfreie Laufmasche über den Glitzerfummel. Wirklich hinterhältig, diese Pailletten!

Wo tragen?

Je mehr Glamour der Anlass hat, desto mehr Pailletten sind erlaubt – allerdings nur an Frauen. Männer tragen Pailletten bitte nur bei Auftritten als Liberace- oder Michael-Jackson-Double.

Wie tragen?

Mit leicht abgewinkelten Armen, sonst scheuert einem das Paillettenoberteil die Haut wund.

Und dazu?

Ein weich gefüttertes Bolerojäckchen. So verhindert man die oben erwähnte Scheuerpartie.

N° 36

Paisleymuster

Auf die Frage »Was ist Paisley?« wissen wohl die meisten eine Antwort – ein lustiges Muster, das irgendwie an Blätter oder Amöben erinnert und gerne von älteren Herren als Hemd getragen wird. Aber wüssten Sie auch die Antwort auf: »Wo liegt Paisley?« Nein? In Schottland. Das Städtchen Paisley ist heute eine Art Vorort von Glasgow, nur etwa elf Kilometer von dessen Stadtzentrum entfernt.

Und nein, es ist selbstverständlich kein Zufall, dass das Muster und die Stadt den gleichen Namen tragen – obwohl das Paisleymuster seinen Ursprung nicht in Schottland, sondern in Persien hat. Belegt ist das floral anmutende Motiv erstmals vor rund 1500 Jahren unter der Herrschaft der Sassaniden, deren Reich bis nach Pakistan und Afghanistan reichte. So breitete es sich auch nach Kaschmir und Indien aus.

Im Persischen wird das Muster als »boteh« bezeichnet, was Busch oder Palme bedeutet, ein Begriff, der in Kaschmir ebenfalls verwendet wird. In vielen Sprachen des indischen Subkontinents dagegen nennt man es »Mango«, weil die Form ein wenig an die Frucht erinnert – und, so glauben dort die Menschen, auch diese darstellen soll. Weiter östlich, in China, gibt es gar Theorien, dass das Muster vom Yin-und-Yang-Symbol abstammt. Was genau die gekrümmte Stilisierung verkörpern soll, ist also nicht wirklich klar. Ziemlich lückenlos belegt ist allerdings der Weg, auf dem sie nach Europa gekommen ist.

Im späten 17. Jahrhundert war der Handel mit Asien über die ostindischen Kompanien in vollem Gange. Sehr beliebt unter britischen Adligen waren große Tücher aus dem Haar der Kaschmirziege, die allerdings zu horrenden Preisen verkauft wurden. Diese Tücher – man nannte sie in Anlehnung an das persische Wort »šal«, das so viel wie »Tuch« bedeutet, »shawl« – waren in einem exotischen, entfernt an ein Blatt erinnernden Muster gewebt, mit einer Vielzahl von Farben.

Die Nachfrage überstieg das Angebot bei Weitem, und die Briten begannen schon bald mit der Produktion von günstigen Kopien. Da ihnen keine Kaschmirwolle zur Verfügung stand, verwendeten sie ein Gemisch aus Wolle und Seide, und ihre Webtechniken waren jenen der Kaschmiris weit unterlegen.

In Asien wurden die Schals auf Handwebstühlen gefertigt, mit einer speziellen Sticktechnik. Zwei bis drei Jahre dauerte dort die Anfertigung eines der wertvollen Paschmina-Schals aus dem weichen Unterhaar der Kaschmirziege. So viel Zeit hatte man in Großbritannien nicht. Hier webte man Schals für die Massen, und als 1805 der Franzose Joseph-Marie Jacquard eine mit Lochkarten gesteuerte Webmaschine erfand, ging die Produktion noch viel schneller von der Hand.

Besonders effizient arbeitete man im schottischen Städtchen Paisley. Dessen Agenten standen immer als Erste am Londoner Hafen, wenn die Schiffe aus Asien anlegten, um sich die schönsten Schals zu sichern – und möglichst schnell damit nach Schottland zu reisen, damit die Designs kopiert werden konnten. So gewieft waren diese Männer, dass sich die Konkurrenz aus Edinburgh und Norwich bei der Regierung beschwerte. Denn die Kaufleute aus Paisley kopierten nicht nur die Muster aus Asien, sondern auch ganz schamlos jene der Konkurrenz. Diese Designpiraterie verschaffte dem Städtchen einen entscheidenden Preisvorteil. Wer keine eigenen Designer beschäftigen musste, produzierte billiger. Mitte des 19. Jahrhunderts kam die größte – und günstigste – Auswahl an Schals aus Paisley, und kaufwillige Damen fragen nun ganz ungeniert nach einem »Paisley-Schal«.

Doch kurz darauf machte eine neue Mode den großen Tüchern, die sich die Damen über die Schultern warfen, den Garaus. Ab 1870 trugen nämlich modebewusste Frauen nicht mehr die Krinoline – den üppigen, rundherum gleichmäßig ausgestellten Reifrock –, sondern die Tournüre, die nur ein Gesäßgestell hatte und Frauen mit diesem künstlichen »Pferdehintern« ein wenig aussehen ließ, als seien sie ein weiblicher Zentaur. Offenbar war es den Tournürenträgerinnen nur zu deutlich, dass sie, würden sie darüber jetzt zusätzlich einen Schal tragen, plötzlich wie alte, bucklige Frauen aussähen.

Mit dem Schal verschwand auch das Paisleymuster für eine Weile von der Bildfläche. Erst in den 60er-Jahren, als unter Hippies alles Indische erneut enorm cool war, kehrte das Muster auf die Straßen zurück. Und diesmal trugen nicht nur die Frauen Paisley, sondern vor allem auch die Männer. Von London aus schwappte die »Peacock Revolution« über Westeuropa und die Vereinigten Staaten – ein flamboyanter Kleidungsstil für Männer, an dem sich die großen Stars jener Zeit, allen voran die Beatles, ein Vorbild nahmen.

Paisley war ein entscheidender Bestandteil dieser Mode, und so kam es, dass das Muster im ausgehenden 20. Jahrhundert den Ruf bekam, nur von Männern getragen zu werden, die in den 60ern und 70ern jung gewesen waren und dieser Zeit hinterhertrauerten. So ein Altherrenimage ist natürlich nie gut, und tatsächlich sind die beiden wohl prominentesten Paisley-Hemden-Träger des frühen 21. Jahrhunderts, der Sänger Sir Tom Jones und der ehemalige Top-Gear-Moderator James May, zwar irgendwie ziemlich cool, aber eben doch nicht mehr die Allerjüngsten.

So ganz sicher kann man sich daher – vor allem als Mann – nicht sein, ob Paisley inzwischen schon wieder hip ist, oder ob man darin riskiert, wie sein eigener Vater auszusehen. Wer Paisley im Schrank hat, sollte es dennoch auf keinen Fall wegwerfen – das Muster ist schließlich uralt und mindestens so unverwüstlich wie Sir Tom Jones himself.

Wo tragen?

Frauen tragen entweder weite Paisley-Blusen oder lange Kleider mit dem Muster am Strand von St. Tropez, Ibiza oder Mykonos, um ein wenig wie ein mondänes Hippiemädchen zu wirken.

Wie tragen?

Klein gemustertes Paisley ist etwa gleich schlimm wie klein karierte Hemden. Besser sind moderne Interpretationen oder schon fast grafisch anmutende Varianten.

Und dazu?

Bitte. Keine. Schlaghosen. Oder Minipli-Frisuren. Außer natürlich, Sie sind eben erwähnter Sir Tom Jones himself.

N° 37

Panamahut

Nur Hüte, die aus den Fasern der Toquilla-Pflanze (*Carludovica palmata*) geflochten werden, sind echte Panamahüte. Und diese Pflanze wächst nur an einem einzigen Küstenstreifen Lateinamerikas. Dorthin schafften es die spanischen Eroberer erstmals 1526. Sie sahen Einheimische mit geflochtenen Hauben aus einer Art Stroh, und so tauften sie die Pflanze, die für diese verwendet wurde, nach dem spanischen Wort für Haube (*toca* oder eben *toquilla*) »paja toquilla«. Doch der erwähnte Küstenstreifen liegt nicht etwa in Panama. Denn echte Panamahüte, eben die aus der Toquillapflanze, kommen alleine und ausschließlich aus Ecuador. Die beiden Küstenstäde Montecristi und Jipijapa in der Provinz Manabi liefern die beste Ware, das größte Produktionszentrum liegt aber in Cuenca in den Anden. Doch warum sprechen wir seit eh und je vom Panamahut, wenn es doch eigentlich Ecuadorhut heißen müsste?

Geschichten dazu gibt es viele. Die eingängigste – und bekannteste – ist jene, dass der damalige Präsident der Vereinigten Staaten, Theodore Roosevelt, 1904 einen solchen Hut geschenkt bekam, als er den Bauarbeiten am Panamakanal beiwohnte. Er soll sich überschwänglich und in Anwesenheit der schreibenden Presse für diesen »Panamahut« bedankt haben – und fortan hatte die Kopfbedeckung ihren Namen weg. Es gibt sogar ein »Beweisfoto«, das Roosevelt mit der entsprechenden Kopfbedeckung zeigt.

Eine schöne Geschichte, nur hat sie einen Haken: Die Hüte waren bereits lange zuvor in den Vereinigten Staaten aufgetaucht. Schon zum Ausbruch des Goldrauschs in Kalifornien Mitte des 19. Jahrhunderts waren sie in Mode, und so mancher Goldgräber schützte sich mit ihnen vor der Sonne. Doch wie waren sie aus Ecuador nach Kalifornien gekommen? Und warum meinten dort alle, die Hüte kämen aus Panama?

Manuel Alfaro, frisch aus Spanien in Montecristi niedergelassen, witterte 1835 das große Geld. Und anders als die vielen kleinen Hutmanufakturen der Stadt wollte er sich nicht mit dem lokalen Handel begnügen, sondern exportieren. Schnell hatte er sich ein gutes Netzwerk an Flechtern aufgebaut, und die Produktion lief wie am Schnürchen. Die Ware kam auf Schiffe, und die fuhren – nach Panama. Denn das Land war bereits lange vor dem Bau des Kanals die wichtigste Durchgangszone für alle, die von der atlantischen auf die pazifische Seite des amerikanischen Kontinents gelangen wollten. Wer von New York nach Kalifornien reisen wollte, hatte zwei Möglichkeiten: Quer durch Nordamerika, was beschwerlich und gefährlich war, oder er bestieg ein Schiff nach Panama, überquerte die Landenge und schiffte auf der anderen Seite wieder ein.

In diesen Transferpassagieren sah Alfaro seine Kundschaft, und er hatte Glück: Nur wenige Jahre nachdem er in Panama seine Handelsgesellschaft gegründet hatte, wurde 1848 auf der Ranch des Schweizers Johann Sutter in Kalifornien das erste Goldnugget entdeckt. Für die Siedler gab es kein Halten mehr: Einige Hunderttausend zog es in den nächsten Jahren an die Westküste, und nicht wenige von ihnen kamen per Schiff via Panama. Logisch, dass die Hüte, die sie dort gekauft hatten, als Panamahüte bekannt wurden.

Zu diesem Zeitpunkt war in Ecuador bereits ein Kampf um die Vorherrschaft im Strohhutgeschäft ausgebrochen. Findige Geschäftsleute aus Cuenca ließen sich regelmäßig mit Stroh von der Küste beliefern und hatten einige der besten Handwerker aus Montecristi und Jipijapa abgeworben. Bald überstieg die Produktion aus den Anden jene von der Küste, und damit nicht genug: Angesichts der wachsenden Popularität der Hüte versuchte man sich auch im Ausland an der Produktion. Der katholische Priester Ignacio Barzuna brachte um 1860 die Samen einer Pflanze nach Becal in Mexiko, die dort als »Jipijapa-Palme« bekannt wurde.

Der Name verrät, woher der gottesfürchtige Mann die Samen hatte, und tatsächlich flochten schon bald viele eifrige Hände das Stroh zu Hüten. Doch Becal blieb der einzige Ort, an dem diese Hutpiraterie Erfolg hatte, denn für echte Panamahüte (die in Mexiko übrigens bis heute Jipijapa heißen) braucht es ein besonderes Klima: Ist es zu trocken, brechen die empfindlichen Fasern, ist es zu heiß, macht der

Schweiß des Handwerkers ein engmaschiges Arbeiten unmöglich. In Becal ist das Flechten nur möglich, weil in Höhlen gearbeitet wird, welche die Arbeiter in den Kalkstein gegraben haben.

    In tropischen Ländern trägt man den Panamahut, wenn man ihn nicht auf dem Kopf hat, aufgerollt in einer Büchse mit sich herum. In unseren Breitengraden sollte man davon allerdings absehen. Unser Klima trocknet die Toquilla-Faser aus, und beim Aufrollen würde sie brechen. Das wäre dann doch sehr schade um den schönen, handgemachten Hut, der auch in der günstigeren Variante für einen dreistelligen Betrag über den Ladentisch geht – und gehen sollte, denn sonst handelt es sich mit ziemlicher Sicherheit um ein Imitat.

Wo tragen?

Tagsüber, bei Temperaturen ab 20 Grad Celsius und starker Sonneneinstrahlung – vorzugsweise in Gebieten mit Strand oder Jachthafen.

Wie tragen?

Nichts verkehrt macht man (und Frau) mit dem Modell Fedora, das längs der Krone nach unten geknickt und an beiden Vorderseiten eingekniffen ist – so wie der Hut von Indiana Jones, nur eben aus Stroh.

Und dazu?

Unverbesserliche Nostalgiker und Männer mit Verbindungen zum organisierten Verbrechen kombinieren dazu gerne einen weißen Leinenanzug. Mittelmeer- und Karibikurlauber(-innen) setzen auf leichte, lockere Kleidung: Männer tragen Leinenhemd und Khakihose, Frauen einen langen Sommerrock mit schmalem Oberteil oder eine Tunika.

N° 38

Parka

Immer diese Fehlinformationen … Da verbreitete die deutschsprachige Modejournaille (die Autorin mit eingeschlossen) über Jahre die Geschichte, das Wort Parka stamme aus der Sprache der Inuit und bedeute »Hitze«. Und tatsächlich gibt es bei den Inuit ein Wort, das »parqaaq« lautet und Hitze bedeutet. Nur scheint dieses nichts mit dem Kleidungsstück Parka zu tun zu haben.

Der Parka wurde als Wort nämlich bereits 1780 ins Englische importiert – aus der Sprache der Nenzen, eines indigenen Volkes im hohen Norden Russlands. Im Buch *Account of the Russian Discoveries between Asia and America,* geschrieben 1780 vom Russen Stepan Glotov, übersetzt und in englischer Sprache publiziert 1787 von William Coxe, steht, dass die Eskimos »Mäntel (parki) aus Vogelhaut« tragen. Und »parka« bedeutet in der Sprache der Nenzen schlicht Tierhaut.

Auch im Deutschen tauchte der Begriff bereits im 19. Jahrhundert auf. Der Naturforscher und Dichter Adelbert von Chamisso, der von 1815 bis 1818 an einer Weltumsegelung teilnahm, berichtet in *Reise um die Welt* von einem Umhang mit Kapuze, den die Bewohner der Aleuteninseln zwischen Alaska und Russland Parka nannten.

Solche Umhänge aus Tierhaut finden sich bei allen Inuit-Völkern. Viele dieser Jacken sind in Form eines Anoraks gefertigt, also als Überzieher, und das Fell dient als Innenfutter. Diese Lederjacken aus Rentier-, Vogel- oder Seehundhaut wurden traditionell an der Außenseite mit Fischöl imprägniert, um sie wasserfest zu machen. Den Gestank will man sich lieber nicht vorstellen, aber bei der dort herrschenden Kälte wird es wohl einigermaßen auszuhalten gewesen sein.

Die Amerikaner hatten da eine deutlich empfindlichere Nase, und so fertigten sie die Militärjacke, die sie nach dem Vorbild der Nordvölker (und wohl in der Hoffnung, sie würde ebenso warm halten) »Parka« tauften, aus Nylon. Das war zu Beginn der 50er-Jahre, als die Kunststoffe plötzlich ganz neue Möglichkeiten boten. Der Mantel mit der Bezeichnung USAF N-3B war schon bald als »Snorkel Parka« bekannt, weil sich sein Reißverschluss bis in die Kapuze zuziehen ließ, sodass der Kopf komplett vor Kälte geschützt war und dem Träger nur ein kleines Loch am oberen Ende (der »Schnorchel«) zum Atmen blieb. Der Parka hatte ein Innenfutter wie eine Militärwolldecke, und weil er wirklich ein besonders warmes und teures Stück Ausrüstung war, wurde er nur an jene Mitglieder der Air Force verteilt, die in ernsthaft kalten Gebieten stationiert waren.

Doch für die breiten Massen musste ebenfalls ein Kälteschutz her – nur sollte der billiger in der Herstellung sein. Der sogenannte »Fishtail Parka« kam zum ersten Mal im Koreakrieg zum Einsatz. Er war nicht etwa aus luxuriöser, winddichter Synthetikfaser, sondern aus Baumwolle. Das Innenfutter konnte bei späteren Versionen herausgenommen werden, wodurch der Parka sich an verschiedene Klimazonen anpassen ließ. Doch was hatte die Jacke bitte mit einem Fischschwanz zu tun?

Sie hatte ihren Namen wegen ihres Aussehens: Der Fishtail Parka war hinten länger als vorne, außerdem war die Rückseite wie ein Frack geschlitzt und mit einer Kordel versehen. Um sich besser vor dem Wind zu schützen, konnten die Soldaten sich den Parka um die Beine binden.

Tausende dieser Fishtail-Parkas wurden in den 50er-Jahren für den Koreakrieg hergestellt, und ähnlich wie im Fall von vielen Ausrüstungsstücken der Soldaten aus dem Zweiten Weltkrieg (siehe auch »Marineshirt«, Seite 167, und »Dufflecoat«, Seite 75) wurde der Überschuss nach Kriegsende günstig an Zivilisten verkauft.

So gelangte der Parka in den frühen 60er-Jahren nach Großbritannien, wo es gerade angesagt war, auf Motorrollern an die Küste zu fahren und sich mit konkurrierenden Gruppierungen Straßenschlachten zu liefern. Die Jugendkultur der Mods erkannte, wie praktisch so ein Parka war – er war billig, schützte ausreichend vor dem englischen Wetter und bewahrte die eleganten Outfits darunter vor Nässe und Verschmutzung. Jahre später, 1979, setzte die Band The Who den Mods mit *Quadrophenia* ein filmisches Denkmal und löste eine zweite Parka-Manie aus. Kurz vor der Jahrtausendwende zollten dann die Britpopper in ihren Parkas den Mods erneut Tribut.

Seitdem hat der Parka die Modebühne nicht mehr verlassen. Das Schmuddel-Image, das er zwischendurch ein wenig hatte, hat er abgestreift, und man kann ihn heute auch wieder wie einst die Mods ganz locker über den Anzug oder das Abendkleid werfen. Nur das Imprägnieren mit Fischöl sollte man lieber bleiben lassen.

Wo tragen?

Überall dort, wo man Wind und Wetter trotzen muss – und bei jedem anständigen Open-Air-Konzert.

Wie tragen?

Mit der Attitüde eines Rockstars.

Und dazu?

Zu Jeans und Pullover ist der Parka ein praktischer Freizeitbegleiter. Reizvoller ist der Stilbruch; lässiger Parka zu Abendgarderobe – dafür brauchen Sie aber eine gehörige Portion britischer Arroganz.

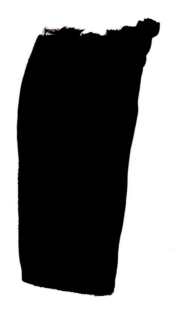

N° 39

Plateauschuh

Auf manchen der heutigen Schuhe kann man einfach nicht laufen. Was denken sich bloß Designer, die fünf Zentimeter Plateau unter einen Vorderfuß montieren und dafür ein paar Hundert Euro verlangen – dass Frauen sich gerne quälen? Offensichtlich schon und die Verkaufszahlen geben ihnen recht.

Doch neu ist die Idee keineswegs, und verbreitet war der Plateauschuh nicht erst in den 70er-Jahren, als ihn sowohl Männer als auch Frauen zu ihren Schlaghosen trugen. Bereits im alten Griechenland gab es ihn. Wer auf der Bühne des antiken Theaters eine Hauptrolle hatte, trug Schuhe mit einem Korkplateau, damit er stärker hervorstach.

Die Römer schauten sich diese Praxis von den Griechen ab und importierten sie in die von ihnen besetzten Gebiete. Und weil Spanien viele Korkeichen hatte, entstand dort eine Tradition der Schuhmacherei, die unter anderem Plateauschuhe aus Kork fertigte. Trotz Eroberung durch die Mauren und Rückeroberung durch die spanischen Könige und all die anderen Wirren mehrerer Jahrhunderte überlebte das Handwerk bis ins 15. Jahrhundert, als hohe Schuhe aus Kork bei Frauen enorm in Mode kamen. Diese »chopines«, wie sie im Französischen heißen, wurden von Frauen über die feinen, einem Ballerina ähnelnden »servillas« gezogen.

Chopines waren Pantoffeln mit einem zehn bis fünfzehn Zentimeter hohen Korkplateau, bezogen mit Leder und reich verziert mit Stickereien und sogar Edelsteinen. Sie dienten dazu, die edlen Frauen, die sie trugen, größer und damit sichtbarer zu machen. Behauptungen, Frauen hätten sie nur getragen, um sich die Füße nicht schmutzig zu machen, lassen sich allein schon durch die aufwendige und teure Dekoration der Chopines widerlegen.

Ebenso ist es ein Mythos, dass die venezianischen Frauen des 16. Jahrhunderts Chopines trugen, um sich die Füße während der häufigen Hochwasser nicht nass zu machen. Frauen aus wohlhabenden Familien lebten im damaligen Venedig nämlich sehr versteckt und gingen so gut wie nie auf die Straße – es gab also für sie gar keinen Grund, bei Hochwasser vor die Tür zu gehen.

Die Chopines, die teils schwindelerregende Höhen von fünfzig Zentimetern und mehr hatten, dienten einem ganz anderen Zweck: der Zurschaustellung des Reichtums einer Familie. Venedig war das europäische Eintrittstor für Waren aus Asien, vor allem für Stoffe. Die Frauen der reichen Familien wurden dafür eingesetzt, den Reichtum herzuzeigen – und das ging am besten über wertvolle Stoffe.

Also wurden edle Roben genäht, mehrlagig und so lang wie möglich. Und um noch mehr Stoff zeigen zu können, trugen die Damen hohe Chopines – oft so hoch, dass sie beim Gehen auf beiden Seiten gestützt werden mussten.

Die venezianischen Chopines waren, anders als die spanischen, aus Holz und hatten eine geschlossene Kappe, während die spanischen an den Zehen offen waren. Es gab allerdings einen viel entscheidenderen Unterschied: Die spanische Chopine wurde hergezeigt. Der Rock reichte nur bis zu den Zehen, das Plateau blieb sichtbar. Außerdem gab die Verarbeitung und Farbe des Schuhs auch Aufschluss über die Herkunft und den Familienstand der Frau – in Granada trugen zum Beispiel die verheirateten Frauen schwarze Chopines.

Dagegen galt es in Venedig offenbar als unanständig, die Chopine zu offenbaren: Auf Gemälden aus jener Zeit reichen die Röcke (außer bei Kurtisanen) nämlich bis zum Boden – noch ein Hinweis darauf, dass die Chopine bei Hochwasser nicht viel genützt hätte, denn die teuren Stoffe zu ruinieren wäre viel schlimmer gewesen als nasse Füße.

Heute begegnet uns das Plateau meist in Verbindung mit einem steilen Absatz. Darauf zu laufen kann zur Tortur werden, und so manche Frau hat sich wohl schon insgeheim eine Zofe als Stütze gewünscht. Doch ist auch im 21. Jahrhundert das Plateau oft ein zuverlässiger Indikator für den Reichtum einer Frau (oder ihres Begleiters). Einerseits aufgrund des Preises ihres Schuhwerks (billige Varianten werden – wie übrigens schon im Venedig des 16. Jahrhunderts – dem horizontalen Gewerbe zugeordnet), andererseits spricht auch der Übername dieser mörderischen Absätze Bände: Taxischuhe. Frauen, die in solchen Schuhen öffentlich auftreten, sollten sich ein Taxi zum Ort des Geschehens leisten können. Oder noch besser einen Chauffeur.

Wo tragen?

An Orten mit verfügbaren Sitzgelegenheiten.

Wie tragen?

Mit Gelkissen unter dem Vorderfuß und stabilen Sprunggelenken.

Und dazu?

Etwas, das den Po bedeckt, und bitte nicht zu knapp.

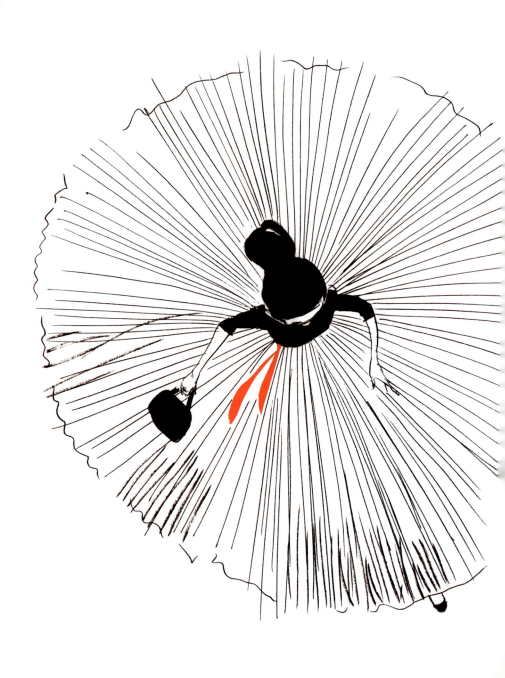

N° 40

Plisseerock

Eine Frau im Plisseerock verheißt meist nichts Gutes. Sie ist adrett und aufgeräumt, aber nicht unbedingt in einem positiven Sinne. Plisseeröcke erinnern an Fräulein Rottenmeier (die strenge Hausdame in *Heidi*) oder an Margaret Thatcher, an zickige Gouvernanten und an die böse Schwiegermutter aus Kindermärchen. Die Aura einer Frau im Plisseerock ist meist ebenso messerscharf wie die Falten in ihrem Kleidungsstück.

Man muss tatsächlich ein besonderer Typ Frau sein, um Plisseeröcke zu tragen. Denn sie verlangen einem eine enorme Ordnungsliebe, große Beherrschung und Korrektheit ab. Plissee ist furchtbar empfindlich. Einmal falsch hingesetzt, und schon sind die Falten ruiniert. In einem Plisseerock kann man nicht herumtollen oder ein Eis essen gehen – einmal befleckt oder bekleckert, ist er oft für immer ruiniert. Nicht einmal schwitzen sollte man übermäßig.

Ein Problem, das bestimmt schon die alten Ägypter kannten – und das sie trotzdem nicht davon abhielt, Plissee zu tragen. Damals war das viel schwieriger als heute, wo Maschinen den Stoff in Falten legen. Die Ägypter falteten von Hand, stärkten den Stoff mit Eiweiß und pressten ihn dann zwischen zwei warmen Steinplatten in Form.

Ähnlich ging man im Mittelalter zu Werke, wo sich Adlige gerne mit Plissee schmückten. Plissee war nicht nur aufwendig in der Herstellung, es war zudem ein Zeichen dafür, dass die Person, die es trug, verschwenderisch mit teurem Stoff umgehen konnte. Die Plisseekragen, die zum Beispiel Maria Stuart trug, demonstrierten ihren Wohlstand. Da eine Königin wie sie ohnehin nie in die unangenehme Situation kam, unvorbereitet in den Regen zu geraten, musste sie sich auch keine Sorgen um die Haltbarkeit der Falten machen. Und sollte sie sich doch einmal bekleckern, gab es genug Personal, das den Kragen unverzüglich reinigte oder austauschte.

Im 18. und 19. Jahrhundert machten Maschinen und Werkzeuge das Faltenlegen leichter. Doch ein Problem blieb: Naturfasern ließen sich nicht dauerhaft plissieren. Trotz des teils sehr aufwendigen Stärkens und Bearbeitens der Stoffe machte ein einziger Waschgang oft die ganze Arbeit wieder zunichte.

Faltenröcke erfreuten sich auch in vielen Volkstrachten großer Beliebtheit. Sie ließen nämlich, so absurd das aus heutiger Sicht klingen mag, Frauen dicker und somit schöner aussehen. Ein üppiger Faltenrock kaschierte locker den einen oder anderen Hungerwinter weg. Eine Frau musste damals gut genährt aussehen, das deutete auf Gesundheit und Wohlstand hin.

Einen ähnlichen Hintergrund hatte es wohl, als in den späten 40er-Jahren die ganze Modewelt verzückt auf Christian Diors »New Look« mit seinen ausgestellten Plisseeröcken reagierte. Auch diese zauberten im Nu Kurven auf Körper, die nach den Kriegsjahren ziemlich ausgezehrt waren. Wieder war das Plissee eine Art, seinen Wohlstand herzuzeigen.

Etwas aber hatte sich im 20. Jahrhundert entscheidend geändert: Durch die Entdeckung der Kunstfasern war es inzwischen relativ günstig geworden, Plissee herzustellen. Früher hatte man dafür unsägliche Mengen teuren Gewebes falten müssen, nun kamen die Stoffbahnen fix und fertig plissiert aus der Maschine. Doch damit nicht genug: Kunstfasern sind ja eigentlich nichts anderes als Plastik, und Plastik lässt sich durch Hitze dauerhaft verformen. Einen Plisseerock aus Polyester konnte man also ganz unbesorgt in die Waschmaschine werfen, ohne dabei die Falten zu zerstören.

Doch der »New Look« verschwand in den 60ern, die Jugend trug lieber Minirock und befreite sich in den folgenden Jahrzehnten komplett von unbequemen und umständlichen Kleiderkonventionen. Darum hat es der Plisseerock heute so schwer, sich neue Freunde zu machen: Er steht symbolisch für eine Mode, die Frauen einschnürte, behinderte und zu Püppchen machte. Kommt hinzu, dass Kunstfasern inzwischen bei manchen als »schlechtere« Stoffe gelten und viele Modemacher zur Naturfaser zurückgekehrt sind – mit schrecklichen Konsequenzen für die Waschbarkeit eines Plisseerocks.

Seit Dior versuchten und versuchen Designer dennoch wiederholt, die Liebe der Frau zum Plissee neu zu entfachen. Issey

Miyake tat das in den 90er-Jahren sogar richtig gut, doch blieben seine futuristischen Roben etwas für die Avantgarde. Im Frühjahr 2012 rief dann plötzlich die gesamte Modejournaille die Rückkehr des Faltenrocks aus – doch der Applaus der Konsumentinnen war eher bescheiden.

Vielleicht liegt es daran, dass ein modernes Frauenleben sich wirklich schlecht mit dem Plisseerock vereinbaren lässt. Man muss ihn – auch wenn er aus Polyester ist – sorgfältig behandeln, ihm im Schrank den nötigen Raum geben und jederzeit elegant darin auftreten. Vielleicht ist die Erklärung aber auch viel einfacher: So ein Plisseerock trägt ganz fürchterlich auf, und die meisten von uns haben einfach keine Hungerwinter mehr zu kaschieren.

Wo tragen?

Überall dort, wo er garantiert nicht befleckt oder zerknautscht wird. Vernissagen eignen sich gut, denn Champagner macht ja bekanntlich keine Flecken, und Sitzgelegenheiten gibt es in Galerien ohnehin nie.

Wie tragen?

Mit gerader Haltung und leicht angehobenem Kinn.

Und dazu?

Dutt und Ballerinas.

Nº 41

Pullover

Heute kommen sie meist aus der Strickmaschine. Oder sie werden in sogenannten »Sweatshops« – Orten, an denen so angestrengt malocht wird, dass die unterbezahlten und ausgenutzten Arbeiter dabei furchtbar ins Schwitzen kommen – aus Baumwolljersey zusammengenäht. Dabei war das Schwitzen, das dem »Sweatshirt« im Namen geblieben ist, ursprünglich ein positives. Denn als der Pullover zu Beginn des 20. Jahrhunderts von der Unter- zur Oberbekleidung aufstieg, tat er dies vor allem, weil man in ihm hervorragend den neuerdings sehr beliebten sportlichen Aktivitäten nachgehen konnte.

Sport brachte die Menschen zum Schwitzen, und Schwitzen galt als äußerst gesund. Daher bekam der Pullover seinen neuen Namen, wobei »Sweater« oder »Sweatshirt« vor allem für jene Pullover gebraucht wird, die aus dem maschinell gestrickten Baumwolljersey hergestellt werden.

Dieser wiederum hieß nicht von irgendwoher Jersey. Wenn der Pullover überhaupt eine Heimat hat, dann sind es die britischen Kanalinseln. Dort hatte man schon seit dem 15. Jahrhundert die königliche Erlaubnis, Wolle aus England zu importieren, daraus Waren zu stricken und diese dann in die Normandie und nach Spanien weiterzuverkaufen. Die Inselbewohner waren, weil dies ein gutes Geschäft war, hervorragende Stricker. Und sie strickten nicht nur fürs Geschäft, sondern entwickelten auch für den Eigengebrauch nützliche Kleidungsstücke.

Neben der Wollindustrie war vor allem der Fischfang für die Bewohner der Kanalinseln überlebenswichtig. Um in dem rauen Klima auf See gut geschützt zu sein, trugen die Inselfischer von ihren Frauen gestrickte Pullover. Die waren aus hart gesponnener Wolle, sehr engmaschig gestrickt und dunkelblau gefärbt, mit einem Färbemittel, das der Wolle ihr natürliches Öl, das Lanolin, nicht entzog, sodass sie wasserabweisend blieben. Für einen zusätzlichen Schutz wurde die Wolle oft ein weiteres Mal in Öl gebadet.

Diese typischen dunkelblauen Pullover werden heutzutage meist »Guernsey« genannt, nach der zweitgrößten der Kanalinseln. Mit »Jersey« bezeichnete man schon im 19. Jahrhundert einen feinmaschigeren und dünneren Pullover, der meist als Unterwäsche getragen wurde – und die ersten dieser Unterzieher sollen tatsächlich von ebendieser Insel gekommen sein.

Ab der zweiten Hälfte des 19. Jahrhunderts wurden Jerseys auch für sportliche Aktivitäten eingesetzt. Der Pullover wurde, als Sweater, ein beliebtes Kleidungsstück für die bewegte Freizeit. Viele Sportarten hatten ihre ganz eigenen Modelle: Es gab Sweater, die man sich nach dem Rudern oder Reiten überzog, um nicht zu schnell abzukühlen, Sweater, die man während des Golfspiels trug, und sogar solche speziell zum Autofahren.

Dennoch blieb der Pullover ein Kleidungsstück für die Freizeit, und vorerst eines für Männer. Zwar fertigte Coco Chanel bereits 1913 Kleider und Anzüge für Damen aus Jersey, doch der Sweater wurde von Frauen höchstens als Unterwäsche und zum Sport getragen. Dies änderte sich erst in den 40er-Jahren mit den »sweater girls« – vollbusigen Schauspielerinnen in Pullovern.

Als zudem weichere Wolle wie Angora und Kaschmir für Damenstrickpullover verwendet wurde, setzte ein neuer Trend ein. Junge Mädchen trugen nach dem Vorbild von Schauspielerinnen wie Lana Turner, Jayne Mansfield oder Jane Russell eng anliegende Strickoberteile, um ihre Oberweite zu betonen. Diese wurde durch das Tragen spezieller Büstenhalter, sogenannter »cone bras« (Kegelbüstenhalter) oder »bullet bras« (Pistolenkugel-Büstenhalter) zusätzlich vergrößert und zugespitzt.

In der Kriegs- und frühen Nachkriegszeit waren Sweater Girls beliebte Pin-up-Motive, doch die wohl skurrilste Geschichte rund um eine Frau im engen Pullover ereignete sich lange nach der eigentlichen Ära der Sweater Girls im Sommer 1968: Die New Yorker Bankangestellte Francine Gottfried kam täglich mit der gleichen U-Bahn an der Haltestelle Wall Street an. Es hatte sich bei einigen Männern schnell herumgesprochen, dass sie eine beachtliche Oberweite hatte und diese durch ihre engen Pullover besonders gut zur Geltung kam. So sammelten sich immer kleine Grüppchen von Bewunderern um sie, wenn sie auf dem Weg zur Arbeit war. Doch plötzlich eskalierte die Situation. Nachdem während einiger Wochen eine stetig wachsende Gruppe von Männern auf die Ankunft des »Sweater Girls von der Wall Street« gewartet hatte, waren es am 18. September plötzlich 2000. Am 19. September kamen 5000, die Polizei musste die Straßen sperren und Gottfried zu ihrem Arbeitsplatz eskortieren. Doch damit nicht genug. Am nächsten Tag versammelten sich 10000 Wall-Street-Angestellte rund um die U-Bahn-Station – vergebens. Gottfrieds Chef hatte sie angerufen und sie gebeten, zu Hause zu bleiben, damit das Ganze ein Ende habe. 250 Anrufe von Medien und Fans bekam Gottfried an jenem Tag, doch ihr Ruhm dauerte nur kurz, und sie verschwand schon bald wieder in der Anonymität.

Der Pullover mag sich seit diesem Zwischenfall vor fast fünfzig Jahren kaum verändert haben, doch die Welt ist eine ganz andere. Heute würde nicht einmal eine Pamela Anderson im knallengen Pullover 10000 Männer auf die Straßen bringen – wahrscheinlich würde sie es nicht einmal schaffen, wenn sie splitterfasernackt wäre.

Wo tragen?

Nicht nur als vollbusige Frau darf man den Pullover selbstverständlich zur Arbeit tragen. In manchen Berufen empfiehlt sich allerdings ein Hemd oder eine Bluse mit Kragen darunter.

Wie tragen?

Frauen mit großer Oberweite riskieren im falschen Pullover, dass ihre Oberweite noch viel größer wirkt, wie das Beispiel von Francine Gottfried beweist. Als Faustregel gilt: Je kleiner der Busen, desto höher darf der Halsausschnitt sitzen.

Und dazu?

Ein gutes Deo.

N° 42

Pyjama

Es muss eine Zeit gegeben haben, in der man Pyjamas ausschließlich im Bett trug. Allerdings war diese offenbar sehr kurz; sie reichte von etwa 1970 bis zur Jahrtausendwende. Und doch ist diese Periode entscheidend mitverantwortlich dafür, dass die meisten der heute erwachsenen Menschen (von denen viele in ebenjenen Jahren aufgewachsen sind) der Vorstellung, man könne im Pyjama auch aus dem Haus gehen, nichts abgewinnen können.

Dabei war der Pyjama ursprünglich gar kein Schlafgewand. Das Wort stammt aus dem Persischen und bedeutet Beinkleid. Muslimische Bevölkerungsgruppen trugen es in Indien, und dort entdeckten die britischen Kolonialherren diese ausnehmend leichte Hose, die locker die Beine umspielte und mit einem geknöpften Band auf der Hüfte gehalten wurde.

Die Briten brachten die Pyjamahose bereits im 17. Jahrhundert erstmals nach Europa, doch es reichte nicht zu mehr als einem kurzen Hype. In der zweiten Hälfte des 18. Jahrhunderts, als sich der Handel mit den Kolonien intensiviert hatte und außerdem alles, was aus Indien kam, in Großbritannien sehr angesagt war, nahm die Pyjamamode ihren zweiten Anlauf, und diesmal mit Erfolg. Nun wurde die Hose zu einem ebenfalls locker sitzenden, hemdartigen Oberteil getragen – üblicherweise aus dem gleichen Stoff.

Die Pyjamas des späten 18. Jahrhunderts waren vorzugsweise aus Seide, und sie wurden keineswegs nur im Bett getragen. In Kombination mit einem Hausmantel (siehe Seite 107) war es sogar üblich, im Pyjama informell Gäste zu empfangen. Wie schon beim Hausmantel muss man dabei heute unweigerlich an Hugh Hefner denken.

Ende des 19. Jahrhunderts entdeckte die Herrenwelt die Vorteile des Pyjamas als Schlafgewand gegenüber dem Nachthemd. Welche das genau waren, ist nicht überliefert, jedoch hatte der Pyjama das Nachthemd bis zum Beginn des Ersten Weltkrieges fast komplett aus den männlichen Betten verdrängt – vielleicht lag es schlicht daran, dass es sich männlicher anfühlte, in einer Hose zu schlafen.

Für Frauen ziemte es sich vorerst überhaupt nicht, den Zweiteiler zu tragen. Dies änderte sich erst nach dem Krieg, als Coco Chanel (wer sonst?) die ersten Frauenpyjamas entwarf. 1934 trug die Schauspielerin Claudette Colbert im Film *It happened One Night (Es geschah in einer Nacht)* einen Pyjama, und schon wenige Jahre später warben Designer für den »Strandpyjama«, der den Damen den Zweiteiler als Urlaubsmode schmackhaft machen sollte – auch für die Frau war der Pyjama also eindeutig mehr als nur Nachtwäsche.

Der Pyjama entwickelte sich nun für beide Geschlechter zum Vorläufer der Jogginghose: Man zog ihn sich über, wenn man zu Hause war und sich entspannen konnte. Paisleymuster waren oft auf Pyjamas zu sehen – wahrscheinlich, weil sie ebenfalls aus Indien kamen – und auch gestreifte Pyjamas waren schon damals genauso beliebt wie heute. James Bond trug auf der Leinwand ebenso Pyjama wie Doris Day und Katharine Hepburn.

Noch in den 60er-Jahren gab es keine klare Bettenpflicht für den Pyjama, denn die Modedesignerin Irene Galitzine vermarktete und verkaufte unter dem Namen »palazzo pyjamas« sehr erfolgreich eine weite, pludrige Seidenhose. Offenbar nahm niemand Anstoß daran, dass etwas mit dem Namen »Pyjama« auf der Straße getragen wurde – die weite Hose wurde sogar zum Trend in der Abendmode.

Wenig später wurde der Pyjama für eine Weile ins Bett geschickt. Eine ganze Generation von Westeuropäern wuchs mit der Vorstellung auf, dass der Pyjama die Schwelle zur Haustür nicht zu überqueren hat – und dass man unbedingt einen Morgenmantel darüberziehen sollte, wenn man dem Postboten die Tür öffnet.

In letzter Zeit geht man mit solchen Regeln wieder etwas lockerer um. Seit der Jahrtausendwende versuchen Designer erneut, Frauen im Pyjama auf die Straße zu schicken und dies als Modetrend zu deklarieren. Dass dieser bisher noch nicht auf allgemeine Gegenliebe gestoßen ist, liegt unter Umständen an einem anderen Phänomen: Immer mehr Menschen scheinen es völlig in Ordnung zu finden, im Pyjama (den sie, anders als die neuen Designerstücke, auch zum Schlafen tragen) zum Beispiel in den Supermarkt zu gehen. In Großbritannien ging dies offenbar so weit, dass ein Supermarkt explizit das Tragen von Pyjamas verbot. Eine Maßnahme, die bestimmt auch all jene begrüßten, welche sich gerade für einen vierstelligen Betrag eine seidene Designerkombination gekauft hatten. Man möchte schließlich beim Einkaufen nicht für eine faule Schlampe gehalten werden, die es nicht einmal schafft, aus ihrem Nachtgewand zu steigen, wenn man eigentlich gerade ein modisches Statement setzt.

Wo tragen?

Solange sich das mit den schlampigen Pyjama-Shoppern nicht geändert hat, verlässt man das eigene Haus besser nicht im Pyjama. Selbst dann nicht, wenn es ein für die Straße entworfenes Designerstück ist (Laien sehen solche Unterschiede leider nicht).

Wie tragen?

Klassische Seiden- oder Baumwollpyjamas können zu Hause auch als stilvolle Alternative zur Jogginghose getragen werden.

Und dazu?

Kennen Sie jemanden, der unterm Pyjama Unterwäsche trägt? Hoffentlich nicht.

N° 43

Reißverschluss

Es gibt Dinge, die funktionieren einfach. Und solange sie funktionieren, sieht man nicht den geringsten Anlass dafür, zu untersuchen, wie sie eigentlich funktionieren. Bis sie kaputtgehen.

Der Reißverschluss gehört ganz eindeutig zu dieser Sorte von Dingen. Wie das Schiffchen nach oben und unten gleitet, zwei Seiten verbindet und wieder trennt – man ist geneigt, an Magnetismus oder Magie zu glauben. Dann aber harzt es plötzlich, es verhakt sich oder springt auf, das Schiffchen blockiert oder baumelt einsam an einem Ende. Mit Magie hat das eindeutig nichts zu tun, sondern viel eher mit großen Erfindergeist – wer kommt schon auf die Idee, einen solch komplizierten Verschluss zu entwickeln?

Der Erste, der sich an einer Alternative zu Knöpfen und Schleifen versuchte, war der amerikanische Erfinder Elias Howe. 1851 ließ er einen »automatischen ununterbrochenen Kleiderverschluss«

patentieren, der auf dem gleichen Prinzip beruhte wie der moderne Reißverschluss. Doch Howe war offenbar selbst nicht besonders überzeugt von seiner Idee, die tatsächlich noch einige Macken hatte. Außerdem war eine andere seiner Erfindungen, die Nähmaschine, gerade dabei, ein großer kommerzieller Erfolg zu werden, und Howe konzentrierte sich in den folgenden Jahren lieber darauf.

Erst über vierzig Jahre später, 1893, ließ erneut ein Amerikaner eine ähnliche Idee patentieren. Whitcomb Judson nannte seine Erfindung den »Klemmverschluss« und präsentierte sie auf der Weltausstellung in Chicago. Wenig später gründete er mit einem Geschäftspartner die Universal Fastener Company. Doch obwohl 1905 die Produktionsstätte stand und alles für die Fertigung bereit war, gab es mit dem Verschluss ein Problem: Er funktionierte nicht. Judsons Konstruktion war starr, verhakte sich schnell und sprang, wenn sie nur leicht gebogen wurde, sofort auf.

Hilfe nahte in der Person des schwedischen Einwanderers Gideon Sundbäck. Der tüftelte ab 1908 an einer Verbesserung des Mechanismus. Dass ihm die schließlich gelang, hatte einen tragischen Hintergrund: 1911 starb Sundbäcks Frau, er stürzte sich vor lauter Kummer in die Arbeit und hatte 1913 eine brauchbare Variante entwickelt.

Doch die Erfindung ließ sich in den USA nur schwer verkaufen. Zwar nutzte ab 1923 die B.F. Goodrich Company den »universal fastener« als Verschluss für Stiefel und gab ihm bei dieser Gelegenheit den noch heute im Englischen üblichen Namen »zipper«, doch die Bekleidungsindustrie traute dem neuen Verschluss einfach nicht.

Sundbäck hoffte auf Kundschaft in Europa. Auf seiner Reise wurde er wiederholt ausgelacht, so auch im schweizerischen St. Gallen, wo ihn die Stickereibesitzer für verrückt erklärten. Sie schickten ihn zum Bruchbandhändler Martin Winterhalter, denn der sei, so meinten sie, ja ebenfalls nicht recht bei Trost.

Winterhalter war sofort überzeugt von Sundbäcks Reißverschluss. Bis heute ist nicht bekannt, wie viel er dem Amerika-Schweden für die europäische Lizenz zahlte, doch kursieren Gerüchte, er habe den Erfinder ziemlich über den Tisch gezogen. Jedenfalls ging Winterhalter gleich nach dem Erwerb das ganz große Risiko ein. Er verkaufte sein gesamtes Hab und Gut und siedelte ins deutsche Wuppertal über, wo er 1925 eine Fabrik für Reißverschlüsse eröffnete.

Der findige Schweizer hatte den Mechanismus inzwischen perfektioniert – statt den bisherigen Klemmbacken und Kugeln, die beide Seiten des Verschlusses einten und trennten, setzte er auf ein System aus »Rippen« und »Rillen«. Daraus leitete er auch seinen Firmennamen ab: Riri. Innerhalb weniger Jahre machte Winterhalter seinen Verschluss zu sehr viel Geld. Er eröffnete nicht nur selbst neue Produktionsstätten, sondern verkaufte zudem Lizenzen – zuerst in Europa, später auch in Amerika.

Fast machten ihm in den 30er-Jahren die Nazis einen Strich durch die Rechnung, als sie den Wuppertaler Betrieb beschlagnahmen wollten, doch Winterhalter schaffte in einer Nacht-und-Nebel-Aktion alle Maschinen in die Schweiz und produzierte seine Reißverschlüsse ab 1936 im Tessiner Städtchen Mendrisio.

Dennoch nahm es kein gutes Ende mit ihm. Über die Jahre wurde er immer exzentrischer, begann sein Vermögen zu verschleudern. Schließlich ließen seine Geschwister ihn entmündigen und in die Psychiatrie einweisen.

Winterhalters Unternehmen ging es da schon deutlich schlechter, denn die Patente waren inzwischen verfallen, und andere Firmen mit billigerer Produktion profitierten davon, dass ab Mitte des 20. Jahrhunderts der Reißverschluss an Popularität gewann. Er hatte den »Kampf um den Hosenladen« gegen die vorher übliche Knopfleiste gewonnen und wurde auch bei Frauenkleidern immer beliebter: Der Einhandverschluss war zugleich aufreizend und sicher, außerdem ließ er keinen offenen Raum für ungewollte Einblicke.

Die italienisch-französische Modeschöpferin Elsa Schiaparelli war 1935 die Erste, die einen nicht verdeckten Reißverschluss in der Damenmode verarbeitete: als diagonales Element an der Vorderseite eines drapierten Rocks. Schon damals spielte die Mode mit dem »Soll ich oder soll ich nicht dran ziehen«, das ein Reißverschluss mit sich bringt. Ungleich offensiver ging nach der Jahrtausendwende die Britin Victoria Beckham mit dem Thema um, als sie ihre Models in Kleidern auf den Laufsteg schickte, die am Rücken einen von ganz oben bis ganz unten reichenden, nicht verdeckten Reißverschluss hatten. Das Modell ist schon jetzt ein Klassiker, und manch einen juckt es beim Anblick so eines Kleides wohl gehörig in den Fingern.

Wo tragen?

Reißverschlüssen kann man nicht entkommen.

Wie tragen?

Es gibt zwei Arten von Reißverschlüssen: Solche, die bewusst nicht verdeckt sind, und solche (zum Beispiel am Hosenladen), die durch zusätzlichen Stoff, den sogenannten Übertritt, verdeckt werden. Die eiserne Regel ist: Was von der Konstruktion her verdeckt sein sollte, muss auch angezogen zwingend verdeckt sein. Steht der Übertritt ab und offenbart den Reißverschluss, ist die Hose zu eng.

Und dazu?

Zu einem Kleid mit »Victoria-Beckham-Reißverschluss« am besten eine Clutch mit verstecktem Druckknopf. Sonst droht der Reißverschluss-Overkill.

N° 44

Rollkragen

Eigentlich ist ja Tom Cruise an allem schuld. Ohne Tom Cruise würden wir den Rollkragen vielleicht immer noch sehr cool finden (obwohl auch Steve Jobs schwer an seinem Image gerüttelt hat, aber dort lag es eher daran, dass die Pullover so unglaublich schlecht saßen und immer aussahen, als würden sie ihn mit dem dünnen, engen Kragen gleich erwürgen).

Tom Cruise jedenfalls, dieser amerikanische Schauspieler mit mehr als einer merkwürdigen Ehe und engen Verbindungen zu einer mehr als obskuren religiösen Vereinigung, hat das Image des Rollkragenpullovers in den Keller gebracht, indem er über Jahre darin auftrat, immer ein wenig scheinheilig und unecht, immer ein wenig zu breit lächelnd. Sogar in Propagandavideos seiner Sekte trägt der Mann Rollkragen – und bei Filmpremieren, wo er dadurch ein wenig wie ein außerirdischer Priester aussieht.

So sehr trampelte Cruise in den vergangenen Jahren auf dem Image des Rollkragens herum, dass die irdische Hohepriesterin des guten Geschmacks, die amerikanisch-britische Stilkolumnistin Hadley Freeman, sich 2008, nachdem sie sich eines der besagten Propagandavideos mit ihm angesehen hatte, zu folgender Aussage hinreißen ließ: »Der Rollkragen hat etwas an sich, das einen Mann selbstgerecht, eingebildet und von seiner eigenen Arroganz aufgeblasen erscheinen lässt. Und das muss er ja auch sein, wenn er denkt, dass er damit durchkommt, sich bis zum Kinn mit Stoff zu bedecken, und dabei nicht auszusehen wie ein Hochschuldozent aus den 70er-Jahren.«

Vor den 70er-Jahren sah das ganz anders aus. Rollkragen gab es zuerst an Pullovern, die man zum Sport trug – darum heißt er im britischen Englisch bis heute »polo neck«. Später entdeckten ihn die Seeleute für sich.

Seinen ersten großen Auftritt hatte der Rollkragenpullover im Herbst des Jahres 1945, in Schwarz und am Körper von Jean-Paul Sartre. Der hielt im Club Maintenant eine flammende Rede, wurde als Existenzialist gebrandmarkt und zugleich hochgejubelt und war kurz darauf einer der coolsten Kerle Frankreichs, wenn nicht der ganzen Welt. Sein Stil wurde tausendfach von Anhängern kopiert – von männlichen ebenso wie von weiblichen – und der Rollkragenpullover war zum ersten Mal so richtig in Mode.

Während der 50er-Jahre setzte sich der Trend fort, allerdings war Schwarz nun nicht mehr zwingend die Farbe der Wahl. Gerade Frauen setzten gerne auf Twinsets in zarten Tönen und trugen unter dem Rolli kegelförmige Büstenhalter (siehe auch »Pullover«, Seite 251), damit der Busen deutlicher hervorstach.

So beliebt war der Rollkragenpullover, dass der Modeschöpfer Yves Saint Laurent 1960 etwas eigentlich Unerhörtes wagte: Er, damals Chefdesigner bei Dior, ließ seine Models in Rolli und Lederjacke über den Laufsteg flanieren. Die Eigentümer des Hauses Dior waren ob dieses »Beatnik-Looks« geschockt, und man ging im Unfrieden auseinander[1].

Doch Saint Laurents Kollektion hatte ins Schwarze getroffen: Nicht nur Frauen, auch und vor allem Männer griffen in den 60er- und 70er-Jahren gerne zum Rollkragenpullover. Michael Caine trug 1969 einen cremeweißen in *The Italian Job (Charlie staubt Millionen ab)*, und bereits ein Jahr zuvor hatte Steve McQueen im Film *Bullitt* eine Kombination aus Rollkragen und Sakko getragen, die noch heute vielen Männern als modisches Vorbild dient.

Wobei genau diese Kombination für großen Unfrieden nicht nur unter Stiltanten und -onkeln, sondern auch bei eleganten Etablissements sorgt. Darf man das, statt Hemd und Krawatte zum Jackett einen Rolli tragen? Und wenn ja, ist es gleichwertig? Um eine ganz subjektive Antwort auf die beiden Fragen zu geben: Ja, man darf, aber man riskiert (siehe Tom Cruise), sich darin zum Affen zu machen. Eigentlich sieht in dieser Kombination nur George Clooney

---

[1] Saint Laurent erlitt kurze Zeit nach der Modenschau einen Nervenzusammenbruch, was dem Hause Dior einen guten Grund gab, ihn zu entlassen. Später verklagten er und sein Partner Pierre Bergé Dior allerdings wegen Vertragsbruchs und erhielten 100 000 US-Dollar zugesprochen. Mit diesem Geld gründete Yves Saint Laurent sein eigenes Modeunternehmen.

cool aus. Und nein, es ist nicht gleichwertig, und in einige noble Etablissements kommt man damit nicht rein. Außer natürlich, man ist George Clooney.

Wo tragen?

Überall dort, wo einem mit diesem üppigen Halswärmer nicht zu heiß wird. Überall dort nicht, wo der Anlass eigentlich Anzug und Krawatte gebietet.

Wie tragen?

Rollkragenpullover können insbesondere für zarte Frauenhaut zur Tortur werden, wenn sie kratzen. Ein gutes, weiches Material ist daher unverzichtbar. Frauen mit Körbchengröße D oder mehr können mit einem eng anliegenden Rollkragenpullover übrigens wunderbar von Pickeln und Botox-Unfällen ablenken – ins Gesicht schaut ihnen garantiert keiner mehr (siehe auch »Pullover«, Seite 251).

Und dazu?

Wer zum Rolli einen Knutschfleck kombiniert, beziehungsweise Letzteren mit Ersterem verstecken will, sollte dies nicht im Hochsommer versuchen. Das wirkt dann nämlich doch arg verdächtig.

N° 45

Schößchen

Mit einem Schößchen kriegt man die Kurve, ob man eine hat oder nicht. Falls Sie sich jetzt fragen, was denn so ein Schößchen überhaupt ist; es handelt sich dabei um diese zusätzliche Stoffrüsche, die im Idealfall etwa auf Taillenhöhe beginnt und knapp über dem breitesten Punkt der Hüfte endet. Schößchen werden etwa seit 2011 von ganz vielen Modehäusern (und natürlich Billiglabels) inflationär an alles genäht, was sich dafür anbietet: Röcke, Tops, Kleider. Im guten Sinne betont das Schößchen die weiblichen Kurven, in der Wahrnehmung jeder Frau mit einer halbwegs normalen Figur trägt es einfach nur übel auf.

Das hat bestimmt auch damit zu tun, dass den Schößchen des 21. Jahrhunderts etwas abgeht, das bei allen früheren Schößchenperioden im Zentrum stand: die schmale Wespentaille. Erstmals in Mode kam die zusätzliche Raffung im Hüftbereich nämlich um die Mitte des 19. Jahrhunderts. Es war eine Zeit, in der Frau ruhig etwas mehr auf den Hüften haben durfte – aber bitte ausschließlich auf den Hüften. In der Mitte musste sie zart und zierlich wirken, und weil das ja den meisten nicht in die Wiege gelegt wird, wurde eben künstlich nachgeholfen: mit einem ordentlichen Korsett.

Frauen im Korsett waren die idealen Schößchenträgerinnen. Die leicht ausgestellte Stoffbahn über den Hüften betonte die schmale Taille perfekt und machte aus zarten Rundungen scharfe Kurven.

Ein paar Jahre später allerdings hatte sich das Schößchen auf groteske Weise nach hinten verschoben. Die sogenannten Tournüre-Röcke betonten ganz gezielt das Hinterteil. Dabei reichten Schößchen und Raffungen nicht, um den Allerwertesten zu umgarnen, nein, der Po wurde zusätzlich durch ein Metallgestell zur Geltung gebracht – quasi die historische Vorstufe der Derrièrevergrößerung mittels Silikon.

Zum Glück hatte es damit bald ein Ende. Und wie so oft bei extremen Modeerscheinungen folgte prompt das andere Extrem. Die Mode der 20er-Jahre war geprägt durch klare Linien, fehlende Taillen, ja überhaupt nicht vorhandene Kurven.

Das Schößchen machte eine lange Dürreperiode durch, bis es die Hungerwinter nach dem Zweiten Weltkrieg wieder hervorholten. Nach all den mageren Jahren brannten die Männer (und die Frauen) wohl nur darauf, Kurven zu sehen. Da kam ihnen Christian Diors »New Look« gerade recht. Ab 1947 zeigte der französische Modeschöpfer der Damenwelt, wie Kurven richtig in Szene gesetzt werden. Die Mieder, die man noch wenige Jahre zuvor erleichtert gegen den flexiblen Büstenhalter ausgetauscht hatte, schlugen zurück, die Taille wurde geformt und die Hüfte mit Schößchen, die denen von heute gar nicht unähnlich waren, in Szene gesetzt. Vielleicht war es angesichts all der Kriegstoten eine Art Schrei nach Fruchtbarkeit – auf jeden Fall war ein gebärfreudiges Becken in diesen Jahren etwas sehr Positives.

Erneut folgte auf diese fast schon übertriebene Weiblichkeit eine Phase der Verneinung. In den 60er- und 70er-Jahren befreite sich die Frau von ihrem Heimchenimage, Feminismus und Emanzipation vertrugen sich nicht gut mit betont weiblichen Kurven. Als dann das Schößchen in den 80ern wieder auf der Bildfläche erschien – allen voran in den Kollektionen von Thierry Mugler – war es zur Waffe der Powerfrau mutiert: Breite, eckige Schultern zum spitz zulaufenden Schößchen, alles mehr feministische Speerspitze als weibliche Rundung.

Und nun, im beginnenden 21. Jahrhundert, also das Schößchen ohne Schuss. Eine unentschlossene Stoffbahn, die seit ein paar Jahren an Oberteile und Kleidchen genäht wird. Es scheint fast ein wenig, als bekämpfe man im Modeolymp den Magerwahn mit einem Fetzen Stoff – als wolle man sich nicht verabschieden von der kindlichen Lolita ohne echte Kurven, dieser aber wenigstens künstliche andichten. Die neue Schößchenmode hat keine echte Taille, dafür muss man heute schon selbst sorgen. Dick auftragen darf hier nur, wer sonst keine Butter auf sein Brötchen schmiert, denn sonst trägt stattdessen das Schößchen auf, und zwar deftig.

SCHÖSSCHEN

Wo tragen?

Überall, wo Sie Ihre Hüfte ins rechte Licht rücken wollen.

Wie tragen?

Mit einer Wespentaille.

Und dazu?

Schößchen trägt man zu Bleistiftrock oder Bodycon-Kleid (das sind diese fiesen, engen Schläuche, die vor allem von silikonvergrößerten Reality-TV-Sternchen getragen werden und ab Größe 38 aufwärts nicht mehr zu empfehlen sind). Im Notfall geht auch eine schmale Hose, aber die muss dann wirklich sehr schmal sein – und die Beine wirklich sehr schlank.

N° 46

Es soll ja Menschen geben, die Spitze echt ätzend finden. Die denken dann wohl an altmodische Brautkleider, an die kleinen Deckchen auf den Tischen von muffelig riechenden Cafés und an leicht angegraute Küchenvorhänge. Doch diese Menschen sind eindeutig in der Unterzahl, ist doch Spitze seit der Jahrtausendwende wieder überall zu sehen. Michelle Obama trägt sie, Prada und Louis Vuitton haben ganze Kollektionen damit ausgestattet.

Ätzend ist sie trotzdem, oder viel eher geätzt. Nicht etwa im übertragenen, sondern im wörtlichen Sinne. Denn die Spitze, die wir uns heute in den Geschäften kaufen, ist streng genommen gar keine Spitze, sondern eine Stickerei. Sie wird auch Stickereispitze genannt oder Guipure, vom französischen Wort »guiper«, was so viel bedeutet wie umhüllen. Früher nannte man sie oft Ätzspitze, weil für ihre Entstehung eben tatsächlich etwas weggeätzt werden musste, nämlich der Stoff, auf den sie gestickt worden war. Die Entwicklung der Maschinen, die solche Guipure herstellen konnten, machte auf einen Schlag zwei Städte reich und Spitze endlich für alle erschwinglich. Zuvor war Spitze etwas sehr Elitäres gewesen.

Die feinste aller Sticktechniken, die Nadelspitze, verschlang so viel Zeit und Arbeit, dass sie sich nur Adlige leisten konnten. Sie kam im 15. Jahrhundert in Italien auf und wurde dort perfektioniert. Für Nadelspitze wurden Fäden auf eine Unterlage gespannt, die das Grundgerüst für die Stickerei bildeten. Diese wurden mit Stichen umhüllt, und dann wurden weitere Verbindungsfäden gespannt, bis sich langsam die Spitze bildete.

Es war eine Arbeit, die viel Geduld, eine ruhige Hand und gutes Licht erforderte. Gestickt werden konnte nur bei Tageslicht, was die Arbeit zusätzlich verlangsamte. Bei der Zartheit dieser Spitzen dauerte es mehrere Monate, um nur schon einen Spitzenkragen herzustellen. Entsprechend teuer war die Nadelspitze – und auch entsprechend begehrt unter denen, die sie sich leisten konnten. Im 17. Jahrhundert war die italienische Spitze derart beliebt geworden, dass Frankreichs König Ludwig XIV. sich Sorgen um die einheimische Wirtschaft machen musste. Kurzerhand verbot er den Import von italienischer Stickware und importierte stattdessen Italienerinnen, die in Frankreich den Grundstein für eine florierende Stickindustrie legten.

Etwas günstiger war die Klöppelspitze, die vor allem in Frankreich und Belgien gefertigt wurde. Doch auch diese war für die normalen Bürger unerschwinglich. Zwar wurde es durch die Erfindung der Stickmaschine ab der Mitte des 19. Jahrhunderts möglich, zarte, spitzenartige Stickereien maschinell herzustellen, doch für ein überzeugendes Ergebnis und eine durchbrochene Spitze musste man es schaffen, den Stickgrund aufzulösen.

Zwei Städte schreiben sich die Entdeckung dieser Methode auf die Fahnen, und beide machten damit ein Vermögen: Das deutsche Plauen und das schweizerische St. Gallen. Man möge in Plauen verzeihen, dass die Autorin es an dieser Stelle aus lokalpatriotischen Gründen mit St. Gallen hält. Das Ostschweizer Städtchen war bereits zu einem Zentrum der Stickereiindustrie herangewachsen, als Charles Wetter 1882 das Ätzverfahren entwickelte: Auf einem Seidenstoff wurde maschinell eine Baumwollstickerei angebracht, und zwar so, dass die bestickten Flächen miteinander in Verbindung blieben. Dann wurde die Seide durch chemische Behandlung mit Natriumhydroxid weggeätzt, und übrig blieb die Baumwollspitze.

Die St. Galler Stickereispitze wurde zum weltweiten Erfolg. Verkäufer reisten mit ihren Musterbüchern quer durch Europa und in die Vereinigten Staaten, und die Unternehmen im Sittertal kreierten fast schon im Akkord neue Muster – allein im Jahr 1903 waren es angeblich 400 000.

Mit dem Ausbruch des Ersten Weltkriegs erlebte die St. Galler Stickerei allerdings einen harten Dämpfer. Es gab kaum noch eine Nachfrage nach Luxusprodukten – und dazu zählte auch die Spitze. Und als nach dem Zweiten Weltkrieg der wirtschaftliche Aufschwung kam, wurde günstigere Guipure-Spitze schon längst an anderen Orten gefertigt, wo die Löhne niedriger waren.

Doch die St. Galler Stoffindustrie überlebte. Zuerst eher im Verborgenen, wo die wenigen verbliebenen Firmen sich vor allem auf funktionale Stoffe, zum Beispiel für Sportbekleidung, spezialisierten. Ab der Jahrtausendwende schaffte es St. Galler Spitze dann auch wieder auf die große Weltbühne. Plötzlich wollten alle die Schweizer Stoffe – Chanel, Dior, Prada, Vivienne Westwood und viele mehr bestellten Stickereispitze in St. Gallen, und das einheimische Unternehmen Akris wurde dank seiner reduzierten Designs und der Verwendung lokaler Stoffe zu einer Marke von Welt.

Wer sich nun überlegt, ob das Tragen von Guipure wegen der eingesetzten Chemikalien eigentlich gesundheitsgefährdend ist, sei an dieser Stelle beruhigt: Heute wird bei dieser Technik nichts mehr weggeätzt. Statt Seide kommen inzwischen Trägerstoffe zum Einsatz, die wasserlöslich oder nicht hitzebeständig sind. Somit ist Spitze nun ganz offiziell nicht einmal mehr im wörtlichen Sinne ätzend.

Wo tragen?

Überall dort, wo subtile Transparenz und zarte Verführung angebracht sind.

Wie tragen?

So, dass nicht gleich zu Beginn zu viel offenbart wird.

Und dazu?

Das kommt ganz darauf an, wie viel Sie später noch offenbaren möchten.

N° 47

Strumpfhose

Selten liegen in der Mode Freud und Leid so nah beisammen wie bei der Strumpfhose. Kaum ein Kleidungsstück vereint so viele gegensätzliche Gefühle auf sich. Dieses ekelhafte, feucht-kratzige Gefühl, das man als Kind hatte, wenn Mama im Winter wieder einmal auf Strickstrumpfhosen unter der Cordhose bestanden hatte. Die leichte Erregung vieler Männer, wenn schlanke Frauenbeine in Feinstrumpfhosen vorbeiflanieren. Die plötzliche Panik, wenn man den Zwickel zwischen den Oberschenkeln spürt und denkt: Rutscht sie noch weiter nach unten? Die Genugtuung, wenn eine fleischfarbene Strumpfhose alle Dellen und Äderchen auf den Beinen verschwinden lässt …

Die Liste ließe sich fast endlos weiterführen. Seit die Frauen sich zu Beginn des 20. Jahrhunderts vom bodenlangen Rocksaum verabschiedeten, nahm und nimmt der Strumpf eine wichtige und emotionale Rolle in ihren Kleiderschränken ein. Man liebt ihn und man hasst ihn, aber ohne ihn geht es nicht – zumindest dann nicht, wenn man in einem Land lebt, wo die Temperaturen regelmäßig deutlich unter 20 Grad Celsius sinken.

Zuerst gab es freilich nur Strümpfe. Die waren in den 20er-Jahren aus Seide oder, wenn man nicht viel Geld zur Verfügung hatte, aus Viskose, der ersten Kunstfaser, die zur Herstellung von Kleidungsstücken genutzt wurde. Elastisch waren diese Strümpfe kaum, zudem mussten sie mit Strumpfbändern an einem Hüfthalter befestigt werden.

Es waren die Tänzerinnen der Varietés, die zuerst auf die Idee kamen, ihre Strümpfe direkt an die Unterhose zu nähen, um eine bequemere und rutschsichere Bedeckung ihrer Beine auf der Bühne zu schaffen. Doch bevor diese Idee kommerziell genutzt werden konnte, revolutionierte etwas anderes die Welt der Strumpfwaren: Im Oktober 1938 gab der amerikanische Chemiekonzern DuPont bekannt, das Nylon erfunden zu haben. Eine Fabrik wurde errichtet und ein Jahr später mit der Produktion begonnen. 780 000 Paar Nylonstrümpfe gingen am ersten Verkaufstag über die Ladentische, 64 Millionen im ersten Jahr und der Begriff »Nylon« wurde zum Synonym für ultrafeine Strümpfe. Während des Zweiten Weltkriegs musste die Damenwelt allerdings darauf verzichten, da das Nylon nun für Kriegsmittel wie Fallschirme, Seile und Reifen eingesetzt wurde. Manche Frauen malten sich eine Naht auf die Rückseite der Beine, um so zu tun, als trügen sie Strümpfe, denn damals hatten alle Nylonstrümpfe eine rückseitige Naht.

Nach dem Krieg ging die Strumpfwarenentwicklung mit schnellen Schritten voran. DuPont entwickelte in den 50er-Jahren Lycra, welches fortan dem Nylonstrupf für mehr Elastizität beigemischt wurde. Und in der amerikanischen Textilfabrik Glen Raven Mills sorgte eine schwangere Frau für eine Revolution. Ethel Boone Gant, so die Familienlegende, teilte nach einem Ausflug ihrem Mann, dem Firmenchef von Glen Raven, mit, dass sie von nun an bis zur Geburt nicht mehr ausgehen werde. Ihre fortschreitende Schwangerschaft mache es ihr unmöglich, den Hüfthalter für ihre Strümpfe richtig anzubringen, ohne dass er ihr Schmerzen bereite.

Das Ehepaar beriet sich, und Ethel nähte, einer Idee ihres Mannes folgend, ein Paar Strümpfe an eine ihrer Unterhosen. Ihr Mann machte sich mit dem Prototypen auf ins Büro, wo man über eine Variante für die Massenproduktion nachdachte. »Panti-Legs« nannte Glen Raven Mills sein Produkt, das 1959 auf den Markt kam. Inzwischen waren auch andere Hersteller auf ähnliche Ideen gekommen, doch viele Frauen blieben skeptisch und trugen weiterhin Strümpfe.

Der Durchbruch der Strumpfhose kam mit dem Minirock (siehe Seite 179). Als in den 60er-Jahren der Rocksaum nach oben rutschte, war es undenkbar, darunter Strümpfe mit Haltern zu tragen. Und als wenig später die Hotpants (siehe Seite 113) die Straßen eroberten, verlor die Strumpfhose endgültig ihre Scham. Hatte sie vorher noch ein integriertes blickdichtes Höschen mit Beinansatz gehabt, war sie nun von der Fußspitze bis zum Zwickel einheitlich gestrickt.

Heute gibt es sie bunt und in Fischnetzoptik, matt oder hochglänzend, mit verstärkter Fußspitze oder die Scham bedeckendem Spitzenhöschen. Eines aber haben alle Modelle selbst fünfzig Jahre nach Erfindung der Strumpfhose gemeinsam: Eine Abneigung gegen Holzbänke, scharfe Fingernägel und Katzenpfoten. Der peinliche Moment, in dem eine Laufmasche auf Wanderschaft geht, ist in Sachen Gefühle, die durch das Tragen einer Strumpfhose ausgelöst werden, durch nichts zu überbieten.

Wo tragen?

In gewissen Berufsgruppen und bei Hofe auch bei mörderischen Temperaturen. Allen anderen sei die Strumpfhose hiermit ab rund 18 Grad Celsius Außentemperatur erlassen.

Wie tragen?

In einwandfreiem Zustand. Und immer so, dass dem Betrachter der Übergang zwischen dem transparenten Bereich und der allfälligen Verstärkung verborgen bleibt.

Und dazu?

Blickdichte Schlüpfer und geschlossene Schuhe.

N° 48

Tanktop

Es gibt Geschichten, die sind zu gut, um wahr zu sein. Und im Zusammenhang mit dem Tanktop gibt es davon einige. Das fängt schon bei seinem Namen an. So sehr verbindet man das Trägershirt mit muskulösen männlichen Oberkörpern, dass man automatisch davon ausgeht, »Tank« sei dem englischen Begriff für Panzer entlehnt, und der Name leite sich somit von einem militärischen Gebrauch ab.

Weit gefehlt. Nicht etwa das Militär stand für diesen Namen Pate, sondern der Sport. Denn der englische Begriff »tank top« leitet sich ab vom »tank suit«. Als solcher wurde in den 20er-Jahren der Badeanzug für Frauen bezeichnet, dessen obere Hälfte aussah wie das heutige Tanktop. Und mit dem Badeanzug ging man damals in den »swimming tank«, dies wiederum eine veraltete Bezeichnung für ein Schwimmbad.

Doch damit der begrifflichen Verwirrung nicht genug. In jüngerer Zeit wird das Tanktop auch gerne wenig schmeichelhaft als »Wifebeater« bezeichnet, also als Frauenverprügler. Verständlich, dass sich viele fragen, wo dieses Unwort herkommt. Die beliebteste Erklärung ist dabei die folgende: Es handle sich eigentlich um den aus dem Mittelalter stammenden Begriff »waif beater« (was sich mit viel gutem Willen als »heimatloser Kämpfer« übersetzen lässt) und bezeichne einen Ritter, der seine Rüstung verloren hat und sich nun schutzlos durchschlagen muss. Mit der Zeit habe das Wort »waif« sich eben in »wife« verändert und stehe nun auch für dieses ebenfalls nicht viel Schutz bietende Oberteil. Zudem habe 1947 in Detroit im amerikanischen Bundesstaat Michigan ein gewisser James Hartford Jr. seine Frau zu Tode geprügelt. Bilder von der Verhaftung zeigten ihn angeblich in einem mit Bohnen und Tomatensauce verschmier-

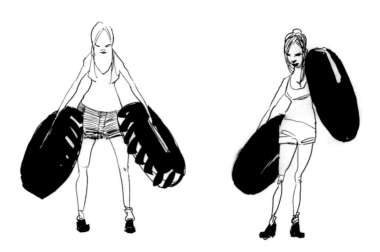

ten Tanktop, die Bildunterschrift lautete: »The wife beater«. Von da an habe sich der Begriff mit rasender Geschwindigkeit verbreitet. Pustekuchen. Kein einziger Artikel, in dem diese Geschichten erwähnt werden (und darunter sind einige durchaus seriöse Medien), kann zu diesen angeblichen Fakten verlässliche Quellen liefern. Einige Texte im weltweiten Netz verweisen allerdings auf einen privaten Blogeintrag aus dem Jahr 2005, der bei genauerem Hinsehen eindeutig humoristischer Natur ist. Es handelt sich bei dieser Begriffserklärung zweifellos um eine digitale Zeitungsente, die sich erfolgreich über mehrere Kontinente hinweggequakt hat.

Ein klarer Beleg dafür ist nicht nur die Tatsache, dass sämtliche englischsprachigen Wörterbücher die Geburt des Begriffes »wife beater« den Jahren 1995 bis 2000 zuschreiben, – er also viel jünger ist, als in diesen Legenden behauptet wird –, sondern auch ein

Artikel in der *New York Times* vom April 2001. Darin stellt die Autorin mit Schrecken fest, dass junge Menschen neuerdings ein ärmelloses Top als »wifebeater« bezeichnen, und macht sich auf die Suche nach den Gründen dafür. Ein Redakteur des *Oxford English Dictionary* erklärt ihr daraufhin, es gebe wohl nicht die eine Quelle, denn der Begriff sei ab 1997 in verschiedenen amerikanischen Jugendkulturen zugleich aufgekommen.

So schrecklich und frauenfeindlich der Begriff sein mag, er evoziert auch in Menschen, die ihn noch nie gehört haben, augenblicklich Bilder von gewaltbereiten Männern aus der Unterschicht im schmutzigen weißen Unterhemd. Kein Wunder, hat uns doch Hollywood über Jahrzehnte mit solchen Männern beliefert. Marlon Brando war so einer in *A Streetcar Named Desire (Endstation Sehnsucht)*, Warren Beatty in *Bonnie and Clyde (Bonnie und Clyde)*, Paul Newman in *The Sting (Der Clou)* – alle trugen sie Tanktops.

Erst seit den 80er-Jahren sind solche gewaltbereiten Männer in Tanktops zwischendurch auch einmal die »good guys« – Sylvester Stallone als Rambo, Bruce Willis in den *Die Hard (Stirb langsam)*-Filmen oder in jüngster Zeit Hugh Jackman als Wolverine. Doch sie bleiben immer potenziell gefährliche Kerle, die jederzeit ausrasten könnten.

Wobei gerade in diesem Zusammenhang der Wife beater im emanzipierten 21. Jahrhundert als Bezeichnung dringend ersetzt gehört. In jüngerer Zeit haben nämlich so einige Filmheldinnen – allen voran Angelina Jolie als Lara Croft – bewiesen, dass das Tanktop durchaus auch zum »man beater« taugt.

Wo tragen?

Nach wie vor gehört es sich für Männer wie Frauen, an gewissen Orten die Schultern zu bedecken. Dazu gehören für beide Geschlechter Kirchen und der Arbeitsplatz. Bei Männern geht das Tanktop-Verbot noch etwas weiter – oder sitzen Sie gerne im Bus neben einem Kerl im Muscle-Shirt?

Wie tragen?

Frauen tragen es so, dass kein BH-Träger hervorlugt. Männer tragen es ausschließlich in Verbindung mit einer ansprechenden Muskelmasse. Für beide Geschlechter gilt, das Top bitte in einer Länge zu kaufen, die den Bauch bedeckt (außer, Sie sind auf einer Strandparty auf Ibiza).

Und dazu?

Auf einer Strandparty können Sie so viel oder so wenig tragen, wie Sie wollen. Anderswo bleibt nur auf Ihren gesunden Menschenverstand zu hoffen.

N° 49

Trenchcoat

Warum nur trägt der Schnüffler immer Trenchcoat? Peter Sellers trägt einen als Inspektor Clouseau, Peter Falk als Columbo ebenfalls. Inspector Gadget hatte einen und Heinz Rühmanns Maigret auch. Vielleicht hat es damit zu tun, dass man sich so gut verstecken kann hinter dem aufgeschlagenen Kragen. Vielleicht liegt es aber daran, dass Schnüffler gerne den harten Kerl markieren – und der Trenchcoat war von Anfang an etwas für richtig harte Kerle.

Zwei Firmen streiten sich bis heute darum, wer sich Erfinder des Trenchcoats nennen darf – Aquascutum aus London und das ebenfalls britische, in Hampshire gegründete Unternehmen Burberry. Während Aquascutum behauptet, bereits Mitte des 19. Jahrhunderts Mäntel im Stile eines Trenchcoats produziert zu haben, beharrt Burberry darauf, im Jahr 1901 der britischen Armee einen Entwurf des Trenchcoats vorgelegt zu haben – der aber nicht produziert wurde.

So oder so, der Trenchcoat, darauf lässt schon der Name schließen (»trench« ist das englische Wort für Schützengraben), wurde eigentlich im Krieg erfunden. Zwar hatte bereits 1879 Thomas Burberry, der Gründer des gleichnamigen Unternehmens, die Gabardine patentieren lassen, einen wasserfesten Stoff, aus dem angeblich auch die Zelte von Amundsen gefertigt waren, als dieser als Erster den Südpol erreichte, doch der Mantel, den er ab 1912 daraus fertigte und an britische Offiziere verkaufte, »Tielocken« genannt, sah noch nicht aus wie der Trenchcoat, den wir heute kennen.

Und Burberry war bei Weitem nicht der Einzige, der seine Mäntel an Angehörige der britischen Armee verkaufte. Den Offizieren stand es nämlich damals zu, sich gewisse, auf einer Liste aufgeführte Stücke auf eigene Rechnung anfertigen zu lassen. Dazu gehörte auch der Mantel aus Gabardine. Der war wesentlich leichter und nässebeständiger als der damals standardmäßig verteilte Wollmantel, der schon im trockenen Zustand sehr schwer war und ein ziemliches Hindernis in der Bewegungsfreiheit darstellte.

Dann brach der Krieg aus, und angesichts der widrigen Bedingungen war ein leichter Gabardinemantel von unschätzbarem Vorteil. Der wurde zwischen 1914 und 1918 mit allerlei zusätzlichen Accessoires ausgestattet, um im Krieg nützlicher zu sein. Die aufknöpfbaren Epauletten dienten zur Auszeichnung des Ranges, in den großen, mit Knöpfen versehenen Taschen ließ sich allerlei Nützliches verstauen. Die Stoffklappe an der rechten Brust diente ursprünglich dem Schutz der Waffe, der abgesetzte Stoff am Rücken ließ Wasser besser von den Schultern ablaufen. Nur eine Legende ist, dass die großen Gürtelschlaufen in der Form eines D dem Anbringen von Handgranaten dienten – stattdessen konnte man Karten und anderes Material hineinstecken.

Nicht nur Burberry und Aquascutum, sondern mit ihnen eine Vielzahl anderer Schneider fertigten während des Ersten Weltkriegs Mäntel für britische Offiziere. Und als der Krieg vorbei war, verkauften sie solche Mäntel auch an Zivilisten – männliche ebenso wie weibliche –, denn die trugen sie nun als stolze Patrioten.

Im Zweiten Weltkrieg war die Popularität des Trenchcoats ungebrochen – nicht nur bei den Briten, auch Hitler trug ihn. So beliebt war der Mantel, dass selbst Hollywood ihn unbedingt haben musste, als endlich Frieden eingekehrt war. Bei Männern war er fortan das Erkennungszeichen des harten Kerls mit weichem Kern, des Schnüfflers und Ermittlers.

Auch bei Frauen kam er sehr gut an, und es war wieder einmal Audrey Hepburn, die ein Bild für die Ewigkeit prägte, als sie 1961 in *Breakfast at Tiffany's (Frühstück bei Tiffany)* in einem beigefarbenen Trenchcoat auftrat. Marlene Dietrich hatte ihn 1957 in *Witness for the Prosecution (Zeugin der Anklage)* noch dunkel getragen. Der Trenchcoat an Frauen bediente ganz offensichtlich gewisse Fantasien – vor allem jene von der leichten Bekleidung unter dem gegürteten Mantel. Vielleicht ist dies der Grund, wieso man sich auch Exhibitionisten am ehesten im Trenchcoat vorstellt.

Obwohl niemand und schon gar kein einzelnes Unternehmen die Erfindung des Trenchcoats für sich beanspruchen kann – er gelangte ganz offensichtlich in den Schützengräben des Ersten

Weltkriegs zu seiner endgültigen Form –, nimmt doch der Kampf zwischen Burberry und Aquascutum, den einzigen zwei noch existierenden ursprünglichen Herstellern, bis heute kein Ende. Es ist überliefert, dass Audrey Hepburn Burberry trug, Bogart dagegen Aquascutum.

Einer der berühmtesten Regenmäntel aus der Geschichte des bewegten Bildes, jener von Peter Falk aus der Fernsehserie *Columbo*, kam allerdings von keinem der teuren englischen Hersteller, sondern von der spanischen Firma Cortefiel – der Schauspieler hatte ihn sich selbst in einem Warenhaus gekauft. Eine Geschichte, die gut zur bescheidenen Art das Fernsehermittlers passt. Oder, wie ein spanischer Journalist es ausdrückte: »Einer, der in einem Mantel von Cortefiel daherkommt, kann kein schlechter Kerl sein. Die tragen nämlich Armani.«

Wo tragen?

Draußen. Columbo ist der Einzige, der auch in der guten Stube seinen Mantel anbehalten darf.

Wie tragen?

Ein guter Trench hält ein Leben lang. Es lohnt sich daher wirklich, in einen hochwertigen Klassiker zu investieren.

Und dazu?

Was auch immer Sie wollen. Kaum ein anderer Mantel ist so versatil wie ein Trenchcoat. Er passt ebenso zu T-Shirt, Jeans und Chucks wie zum eleganten Abendkleid.

Nº 50

T-Shirt

Es gibt wohl kein demokratischeres Kleidungsstück als das T-Shirt. Das Oberteil aus Baumwolljersey steht für Modernität, Freiheit und Bequemlichkeit, es ist in seiner blütenweißen Form ein Symbol der Unschuld und entsprechend bedruckt ein politisches Statement.

Doch ausgerechnet bei einem Ding, das wirklich alle tragen, weiß keiner so ganz genau, wie es entstanden ist. Wer dieses wandelbare Wunder der Modegeschichte erfunden hat, sollte eigentlich als Genie gefeiert werden, doch der Entdecker wird wohl für immer unentdeckt bleiben. Zweifelhaft auch, ob es überhaupt den einen Entdecker gegeben hat, denn bei der Entstehung des T-Shirts spielten verschiedene Faktoren eine Rolle.

Das wäre zuallererst einmal die Industrialisierung. Erst durch die maschinelle Produktion wurde es möglich, Kleidungsstücke aus

Baumwolljersey zu fertigen – dem Stoff, aus dem noch heute die meisten T-Shirts sind. Doch Jersey wurde Ende des 19. Jahrhunderts ausschließlich für Unterwäsche verwendet – den elastischen Stoff als Obermaterial zu tragen war undenkbar.

Für untendrunter aber war Jersey unschlagbar. Er war dehnbar und weich, er kratzte nicht auf der Haut, es absorbierte zuverlässig Körperflüssigkeiten. Erst wenige Jahrzehnte zuvor war in den Vereinigten Staaten der »union suit« populär geworden, ein Overall aus Flanell, der in den kalten Monaten als Unterwäsche und Isolationsschicht diente. Dieser wurde nun auch aus Jersey gefertigt, doch gerade Arbeiter waren mit der Ganzkörperkonstruktion offenbar nicht zufrieden und trennten Ober- und Unterteil, um sich schneller an- und ausziehen zu können. So müssen wohl die ersten T-Shirts entstanden sein, damals noch langärmlig und mit Knopfleiste.

Erst mit Beginn des 20. Jahrhunderts wird die Faktenlage in der Geschichte des T-Shirts besser. Da ist zum Beispiel eine Anzeige der Cooper Underwear Company aus Wisconsin, gedruckt im Jahre 1904. Mit witzigen Vorher-Nachher-Bildern preist die Firma ihre Unterleibchen an: Links das übliche Modell mit Knopfleiste – der Knopf ist abgefallen, die Front wird mit einer Sicherheitsnadel geschlossen. Rechts dagegen das neue Modell, das die Firma unter der Marke White Cat verkauft: körpernah, mit breitem Rundhals und einem dehnbaren Halsausschnitt. »Keine Sicherheitsnadeln, keine Nadel, kein Faden, keine Knöpfe«, so der Slogan für das »bachelor undershirt«, das Unterhemd für den Junggesellen (der natürlich nicht mit Nadel und Faden umgehen konnte).

Es wird wohl noch andere Anbieter ähnlicher Unterhemden gegeben haben, und einer der aufmerksamen Kunden wird ein Armeeangehöriger gewesen sein. Denn schon im folgenden Jahr findet sich auf der Uniformliste der US-Navy ein Eintrag zu aus Baumwolle und Wolle gestrickten Unterhemden mit einem elastischen Bündchen am Halsausschnitt und Ärmeln, die nicht über den Ellbogen reichen. In warmem Klima, so steht vermerkt, dürften, sofern es der Kommandant erlaubt, lediglich Baumwoll-Unterhemden gleicher Machart getragen werden.

Während des Ersten Weltkriegs wurden Tausende dieser Unterhemden für die amerikanische Armee angefertigt, und kurz nach dem Krieg, 1920, taucht im Roman *This Side of Paradise (Diesseits vom Paradies)* von F. Scott Fitzgerald erstmals die Bezeichnung »T-Shirt« auf. Der Schriftsteller wird das Wort kaum selbst erfunden haben – es ist eher davon auszugehen, dass der Begriff (der wohl die dem Buchstaben T nachempfundene Form des Leibchens beschreibt) damals bereits verbreitet war, zumindest mündlich.

Es dauerte, bis das T-Shirt den Weg vom Untendrunter zum Obendrüber gefunden hatte. 1942 schaffte es erstmals ein bedrucktes T-Shirt auf ein Magazincover – ein Soldat der Air Corps Gunnery School posierte mit seiner Waffe für *Life*. Doch erst durch die Filmhelden der 50er-Jahre wurde das T-Shirt salonfähig: Marlon Brando trug es 1951 in *A Streetcar Named Desire (Endstation Sehnsucht)* und 1953 in *The Wild One (Der Wilde),* und James Dean prägte 1955 in *Rebel Without a Cause (... denn sie wissen nicht, was sie tun)* den zeitlosen Look aus weißem T-Shirt und Jeans.

Nun gab es kein Halten mehr. Das T-Shirt wurde gefärbt, bedruckt und gebatikt und lag schon bald in jedem Kleiderschrank, bei Männern und Frauen gleichermaßen. Es musste für politische Slogans herhalten und schaffte es durch die aus heutiger Sicht modisch eher zweifelhafte Garderobe von Don Johnson in der Fernsehserie *Miami Vice* eine Weile lang sogar bis in die elegantere Herrenausstattung.

Manche T-Shirts wurden zu Mode-Ikonen; das mit dem »I love New York«-Aufdruck, das mit dem Konterfei von Che Guevara, das »CHOOSE LIFE«-T-Shirt von Katharine Hamnett, welches die Musikgruppe Wham! in einem Video trägt. Und so manch eine und einer hat dieses eine (meist ebenfalls bedruckte) allerliebste T-Shirt, das an einen unvergesslichen Moment im Leben erinnert und ob seines enorm verwaschenen Zustands inzwischen nur noch auf dem heimischen Sofa zum Einsatz kommt. Anziehen könnte man dieses seit 2009 auch am 21. Juni. Dann wird nämlich jeweils der »International T-Shirt Day« gefeiert, an dem Menschen aus aller Welt aufgerufen sind, ihre liebsten T-Shirts zu tragen. An Auswahl wird es ihnen dabei bestimmt nicht mangeln.

Wo tragen?

Im T-Shirt kommt man im 21. Jahrhundert fast überall rein. Bei eleganteren Anlässen sollte man es dennoch besser mit Abendgarderobe versuchen – außer natürlich, man will ein politisches Statement setzen.

Wie tragen?

Heute eher wieder so wie in den Anfangsjahren des T-Shirts: körpernah, mit kurzen und leicht abgeschrägten Ärmeln und eher geräumigem Halsausschnitt.

Und dazu?

Die Kombination aus weißem T-Shirt und Jeans ist unschlagbar.

Quellenverzeichnis

Trevor Adams: The Essay: »Stars in Stripes.« Artikel in *The Independent*, 10. Juli 1999
Kiki Albrecht: »Das können wir, Monsieur Saint Laurent.« Artikel in *Frankfurter Allgemeine Sonntagszeitung*, 21. August 2013
Simon Armstrong: »The trench coat's forgotten WWI roots.« Artikel auf *BBC News* (online), 5. Oktober 2014
Jeffrey Banks, Doria de la Chapelle: *Tartan. Romancing the Plaid.* Rizzoli, New York 2007
Alex Baur: »Rippen, Rillen, Grillen.« Artikel in *NZZ Folio*, Oktober 1998
Sandy Black: *Knitting: Fashion, Industry, Craft.* V&A Publishing, London 2012
Alainna Lexie Beddie: »Ferragamo's New Leading Lady on Flying in Style and Dressing Like A Star.« In *The New York Times Magazine*, 8. Oktober 2013
Alexa Brazilian: »Revenge of the Anti-It Bag.« Artikel in *The Wall Street Journal*, 20. März 2015
Sarah Begley: »The White Dress That Changed Wedding History Forever.« Artikel in *Time*, 10. Februar 2015
Beate Berger: *Bikini: Eine Enthüllungsgeschichte.* Mare Buchverlag, Hamburg 2004
Rachelle Bergstein: *Women from the Ankle Down: The Story of Shoes and How They Define Us.* Harper Collins, New York 2012
Marie-Josèphe Bossan: *Die Kunst der Schuhe.* Parkstone International, New York 2012
Tom Bryant: »Exclusive: I was in Kylie's pants.« Artikel in *Daily Mirror*, 10. Februar 2007
Joseph Caputo: »50 Years of Pantyhose.« Artikel auf *smithsonian.com* (online), 7. Juli 2009
Nick Carbone: »Princess Beatrice's

Fascinator.« Artikel in *Time*, 7. Dezember 2011
Karin Cerny: »Bomberjacken: Codewort MA-1.« Artikel in *Der Standard*, 19. September 2013
Maxine Cheshire: »A Tale of Ladies and Leopard Coats« Artikel in *Toledo Blade*, 26. Januar 1968
Austin Considine: »The Perched, the Frothy, the Fascinator.« Artikel in *The New York Times*, 6. Mai 2011
Susannah Conway: »The history of Pyjamas – Lounge back in languor.« Artikel in *The Independent*, 24. Januar 1999
Valerie Cumming, C. W. Cunnington, P. E. Cunnington: *The Dictionary of Fashion History*. Berg, Oxford 2010
Charles L. Cutler: *O Brave New Word!: Native American Loanwords in Current English*. University of Oklahoma Press, Norman 2000
Design Museum: *Fifty Shoes That Changed the World*. Conran Octopus, London 2009
Peter Doyle: »Direct from the trenches: The objects that defined the First World War.« Artikel in *The Independent*, 9. März 2014
Adam Edwards: *A Short History of the Wellington Boot*, Hodder & Stoughton, London 2006

Edwina Ehrman: *The Wedding Dress*. V & A Publishing, London 2011
Julia Felsenthal: »Where the Peter Pan Collar Came From – and Why It's Back.« Artikel auf *Slate's Culture Blog* (online), 20. Januar 2012
Charles J. Foster: »The Winter Sports – Skating.« Artikel in *Our Young Folks*, März 1867.
Katya Foreman: »Short but sweet: The miniskirt.« Artikel auf *BBC News* (online), 23. Mai 2014
Hadley Freeman: »Polo Necks.« Artikel in *The Guardian*, 28. Januar 2008
Hadley Freeman: »Wedge trainers: a combination that's best avoided.« Artikel in *The Guardian*, 29. Oktober 2012
Dale Fuchs: »All Hail the Humble Espadrille!« Artikel in *The New York Times*, 16. August 2010
Tina Gaudoin: »But would Jackie wear it?« Artikel in *The Wall Street Journal*, 24. September 2010
Tim Gunn: *Tim Gunn's Fashion Bible*, Gallery Books, New York 2013
Clyde Haberman: *The New York Times: The Times of the Seventies*. Black Dog & Leventhal, New York 2013
Linda Hales: »Platforms: Height of Impracticality.« Artikel in *Washington Post*, 18. November 2006

Marlene Halser: »Kein Bock auf Nazi-Chic.« Artikel auf *taz.de* (online), 7. Dezember 2013

Till Hein: »Burgfräuleins BH.« Artikel in *Die Zeit*, 25. Juli 2013

Elizabeth Hayt: »Noticed; An Undershirt Named ... What?« Artikel in *The New York Times*, 22. April 2001

Stephanie Hegarty: »How jeans conquered the world.« Artikel auf *BBC News* (online), 28. Februar 2012

Gudrun Helgadottir: »Nation in a sheep's coat: The Icelandic sweater.« Artikel in *FORMakademisk*, Dezember 2011

Daniel Delis Hill: *As seen in Vogue: a century of American fashion in advertising*. Texas Tech University Press, Lubbock 2007

Rose Hoare: »All about cardigans.« Artikel in *Sunday Magazine*, 17. August 2008

Iain Hollingshead: »Will Kate kick off a war of the wellies?« Artikel in *The Telegraph*, 3. Januar 2012

Amy Hubbard: »Celebrating 100 years or more of T-shirts: All hail the white tee.« Artikel in *Los Angeles Times*, 15. Juni 2013

Katja Iken: »Er hebe hoch! 100 Jahre BH-Revolution.« Artikel auf *Spiegel online*, 5. Juli 2012

Lena Jakat: »Werft die Lätzchen weg!« Artikel auf *sueddeutsche.de* (online), 12. Februar 2013

Terry Jones: *100 Contemporary Fashion Designers*. Taschen, Köln 2009

Ursula Karbacher: »Nesteln, schnüren, hefteln: Geschichte der Unterwäsche.« Artikel in *Hochparterre*, 12/1999

Pagan Kennedy: »Who Made That T-Shirt?« Artikel in *New York Times Magazine*, 20. September 2013

Carl Köhler: *A History of Costume*. Courier Corporation, Mineola 2012

Alexandra Kusserow: »Außer Kontrolle?« Artikel auf *stylebook.de* (online), 4. März 2014

Karl Lagerfeld, Carine Roitfeld: *The Little Black Jacket: Chanel's Classic Revisited*. Steidl, Göttingen 2012

Lauren Laverne: »Lauren Laverne on style: bomber jackets.« Artikel auf *guardian.com* (online), 16. März 2014

Holger Liebs: »Das Moonboot ist voll.« Artikel in *Süddeutsche Zeitung*, 17. Mai 2010

Life Magazine, 29. Januar 1971

Life Magazine, 31. Dezember 1971

Ingrid Loschek: *Reclams Mode- und Kostümlexikon*. 6., erweiterte und aktualisierte Auflage. Reclam, Stuttgart 2011

Annette Lynch, Mitchell D. Strauss

(Hg.): Ethnic Dress in the United States: *A Cultural Encyclopedia*. Rowman & Littlefield, Lanham 2014
Nancy MacDonell Smith: *The Classic Ten: The True Story of the Little Black Dress and Nine Other Fashion Favorites*. Penguin, London 2003
Alison Maxwell: »Oleg Cassini Launches Fake-Fur Line.« Artikel in *Women's Wear Daily*, 9. November 1999
Heidi Meister: »Ritsch Ratsch; die Geschichte einer genialen Erfindung.« Artikel in *Magazin Brauchtum*, 9/2012
Emma Midgley: »Paddington Bear ›inspired by evacuees‹ says author Bond.« Artikel auf *BBC News* (online), 13. Februar 2012
Lauren Milligan: »An Urban Shoe Myth?« Artikel auf *vogue.co.uk* (online), 11. Mai 2009
Malie Moran, Attila Pohlmann, Andrew Reilly: *Honolulu Street Style*. Intellect Books, Bristol 2013
Desmond Morris: *Leopard*. Reaktion Books, London 2014
Peter Müller: *stgall: Textilgeschichten aus acht Jahrhunderten*. Hier + Jetzt, Baden 2011
Ramon Muñoz: »La gabardina de Cortefiel de Colombo.« Artikel in *El País*, 26. Juli 2014
Doris Näger: »Karriere eines Geräuschs.« Artikel in *Süddeutsche Zeitung*, 4. Juni 2003
N. N.: »Halber Meter mehr.« Artikel in *Der Spiegel*, Nr. 28/1967
N. N.: »Camel hair polo coat is aristocrat of classics.« Artikel in *Fort Scott Tribune*, 29. Januar 1987
Jean-Christophe Napias, Sandrine Gulbenkian: *The World according to Karl*. Thames & Hudson, London 2013
Alex Novak: *Tawdry Knickers and Other Unfortunate Ways to Be Remembered*. Perigee Books, New York 2010
Hunter Oatman-Stanford: »These Chopines Weren't Made for Walking: Precarious Platforms for Aristocratic Feet.« Artikel auf *Collectors Weekly* (online), 17. April 2014
Ben Quinn: »Royal Ascot pins down hat guidelines.« Artikel in *The Guardian*, 18. Januar 2012
Lynne Peeples: »The Origin of Rubber Boots.« Artikel in *Scientific American*, 21. August 2009
Julia Pfligl: »Moon-Walk.« Artikel in *Kurier*, 27. Dezember 2014
Justine Picardie: *Coco Chanel. The Legend and the Life*. Harper, London 2010
Tillmann Prüfer: »Nicht kaputtzukriegen.« Artikel in *Die Zeit* 3/2011
Tillmann Prüfer: »Bombig, diese

QUELLENVERZEICHNIS

Jacken!« Artikel in *Zeitmagazin* 4/14
Valerie Reilly: *The Paisley Pattern.*
Richard Drew, Glasgow 1987
Peter Richter: »Philosophie der Bomberjacke.« Artikel in *Süddeutsche Zeitung*, 24. Mai 2014
Jeroen van Rooijen: »Ein glitzernder Geburtstag.« Artikel auf *nzz.ch* (online), 28. Mai 2013
Sophie de Rosee: »The iconic Max Mara camel coat.« Artikel auf *telegraph.co.uk* (online), 18. Oktober 2011
Charlotte Seeling: *Mode. 150 Jahre Couturiers, Designer, Marken.* H. F. Ullmann, Potsdam 2013
Elizabeth Semmelhack, Linda Nochlin: *Heights of Fashion: A History of the Elevated Shoe.* Periscope, Toronto 2008
Leonard Sloane: »Boom and Bust on Wall Street.« Artikel in *New York Magazine*, 14. Oktober 1968
Bibby Sowray: »First look at Sarah Jessica Parker's debut shoe collection.« Artikel auf *telegraph.co.uk* (online), 6. Januar 2014
Bibby Sowray: »A history of defacing Hermès bags.« Artikel auf *telegraph.co.uk* (online), 11. November 2014
Mary Ellen Snodgrass: *World Clothing and Fashion: An Encyclopedia of History, Culture, and Social Influence.* Routledge, London 2015
Emily Spivack: »A History of Sequins from King Tut to the King of Pop.« Artikel auf *smithsonian.com* (online), 28. Dezember 2012
André Leon Talley: *Little Black Dress.* Rizzoli, New York 2013
Grit Thönnissen: »So wurde ein Schuh draus.« Artikel in *Der Tagesspiegel*, 20. April 2013
Vogue US (Cover), 15. Mai 1949
Elisabeth Wagner: »Das Rollenverständnis.« Artikel in *Der Tagesspiegel*, 21. April 2012
Harriet Walker: »The fascinator is dead ... long live proper hats.« Artikel in *The Guardian*, 22. April 2013
Jeannette Walls: »High Fashion's Lowest Neckline.« Artikel in *New York Magazine*, 14. Januar 1991
Simone Weber: »Der Mondschuh.« Artikel in *Ensuite*, Januar 2011
Claudia Wisniewski: *Wörterbuch des Kostüms und der Mode.* Reclam, Stuttgart, 2010
Doreen Yarwood: *Illustrated Encyclopedia of World Costume.* Dover Publications, New York 1978
Joseph W. Zarzynski: »When Fashion History Happened at Bolton Landing – The Monokini.« Artikel in *Lake George Mirror*, 17. Juni 2013

Katharina Blansjaar, geboren 1977 in Deventer in den Niederlanden, lebt als freie Autorin und Übersetzerin in Zürich. Sie ist Verfasserin eines Stilratgebers für Frauen und leitete während mehrerer Jahre das Ressort »Stil« der *NZZ am Sonntag.* Dort schrieb sie unter anderem die Kolumne »Strassentauglich«, in der sie nach den Geschichten hinter den Dingen, die wir tragen, suchte. Dieses Buch entstand, weil es immer noch eine Geschichte hinter der Geschichte gibt. www.rinneke.ch

Daniel Müller, geboren 1964 in Baden in der Schweiz, studierte an der Kunstgewerbeschule Luzern und an der Schule für Gestaltung Zürich. Seit 1993 lebt und arbeitet er als freier Illustrator in Zürich. Seine Arbeiten sind in diversen Zeitschriften und Büchern zu finden. Bei Kein & Aber sind von ihm bereits *Stil zeigen* und *Leichter reisen* mit Texten von Philipp Tingler, *Wie Bismarck auf den Hering kam* mit Texten von Petra Foede und *Homestories* mit Texten von Elke Heidenreich erschienen.
www.illumueller.ch

Alle Rechte vorbehalten
Copyright © 2015 by Kein & Aber AG Zürich – Berlin
Coverbild: Daniel Müller
Gestaltung und Satz: Carla Schmid
Druck und Bindung: Kösel GmbH, Krugzell
ISBN 978-3-0369-5732-6
Auch als eBook erhältlich